Ⓢ新潮新書

関 裕二
SEKI Yuji

アマテラスの正体

1056

新潮社

はじめに

アマテラス（天照大神《あまてらすおおみかみ》）の祀《まつ》られる伊勢神宮（皇大神宮《こうたいじんぐう》）は、日本を代表する神社だ。広大な森林に囲まれた聖地で、「大自然と共存する多神教的な日本人の信仰の原点」と信じられてきた。しかし、これが、じつに怪しい。

伊勢神宮が今日の形に整えられたのは七世紀末のことなのだが、このあと、列島人の太古の信仰は、なぜか、音をたてて崩れ去っていった。しかもそれは、偶然ではなさそうだ。伊勢神宮は中央集権国家の統治システムのカラクリのひとつであり、国母《こくも》・アマテラスの誕生にも、きわめて政治的な思惑が秘められていたからである。

そもそもあの広大な伊勢神宮の大森林が今日まで破壊されなかったのは、人々の信仰の力によって守られたからではなく「権力者が伊勢神宮という装置を必要としたから」にほかなるまい。

伊勢神宮整備と中央集権化の流れは、ほぼ続いている。本文で詳述するように、まず七世紀末に伊勢神宮が今日の形に整えられ、大宝律令（七〇一）が完成し、西暦七一〇年には平城京遷都が敢行された。また西暦七二〇年には『日本書紀』が成立し、中央集権国家が完成した。

ところがこのあと、一部の権力者たちの手で神祇《じんぎ》祭祀《さいし》が独占されているという怒りの声が上がりはじめ（『古語拾遺《こごしゅうい》』）、それだけならまだしも、方々の神職たちが、「仏に帰依したい」と、悲鳴を上げ始めたのだ。「神々も、仏にすがりたいと言っている」と、訴えた。神仏習合（神道と仏教が重なっていった）は、こうして始まっていく。

理想的と思われていた「律（刑法）」と「令（行政法）」をベースにした中央集権国家と「人工的なにわか造りの神道」のメッキは剝がれていったのだ。神社を守ってきた各地の神職たちが、統治システムや徴税システムの歯車のひとつに組みこまれた神祇祭祀に、嫌気がさしたのである。

なぜ、伊勢神宮が整備され、律令が整ったあと、「神道と統治システム」は、すぐに崩壊していったのだろう。ひとつ言えることは、伊勢神宮が古き良き時代の信仰と隔絶していた可能性が高いということだ。創作された神と聖地であり、きわめて政治的な思惑によって、生み出されていた疑いが強い。

それだけではない。八世紀の段階で、祟る神を鎮めるための大がかりな装置が必要になっていった。いわゆる御霊《ごりょう》信仰が盛んになっていくのだが、伊勢神宮も恐ろしい神と考えられていたようで、明治天皇が参拝されるまで、歴代天皇はみな、伊勢神宮を避けていた。

伊勢神宮が信仰の対象になるのは中世以降のことであって、それまで「私幣」は禁じられていたから（天皇だけが神に捧げ物を届けた）、貴族や一般の人びとも、伊勢神宮に参拝することはほとんどなかった。だから、貴族たちも、伊勢の祭神の正体を知らなかったようだ。菅原孝標《たかすえ》の娘は、「いづこにおはします神仏にかは」と、『更級《さらしな》日記』にしたためているほどだ。

ただし、王家だけは、伊勢とアマテラスを強く意識していたから不思議なのだ。平安京遷都を敢行した桓武天皇は皇太子時代に体調不良を憂え、一度だけ、伊勢に参拝している。ただしこれも、祟り封じと考えられている。御霊信仰の発端となった井上内親王《いがみないしんのう》と他戸《おさべ》親王《しんのう》の母子が恨んでいると信じられていたからだ。桓武が立太子する直前まで他戸親王が本来の皇太子だったが、母子は冤罪で幽閉され、同じ日に亡くなっている。密殺されたのだろう。桓武の即位は謀反をでっちあげて成立していた。その直後、母子を追い落とした者たちの縁者が、次々と亡くなり、人びとは震え上がった。

ふたりの怨念を払うことができるのは、同じようなパワーをもった祟り神だった。そこで選ばれたのが伊勢神宮だったわけだが、なぜ伊勢の神でなければならなかったのか、その理由が定かではない。

伊勢神宮の天照大神、いよいよもって、謎めいてくる。その正体を明かすことは可能だろうか……。

アマテラスの正体　目次

はじめに　*3*

第一章　アマテラスと持統天皇をめぐる謎を解く　*11*

第二章　太陽神と伊勢の地をめぐる謎を解く　*46*

第三章　ヤマト建国と尾張氏をめぐる謎を解く　

第一章　アマテラスと持統天皇をめぐる謎を解く

日本人だけは太陽を赤く描く

子供のころ、よく母親に「お天道様（太陽）が観てますよ」と叱られたものだ。日本人にとって、太陽信仰が生活と密接にかかわっていたことが分かる。われわれにとっての代表的な神は、太陽だった。

たとえば、日本の子供が太陽を赤く描くのも、古代の太陽信仰と無縁ではない。日中、お天道様を仰いでみれば分かるとおり、太陽は白や黄色に輝いていて、「太陽を赤く塗る」は世界標準ではない。

なぜ、日本の子供は、太陽を赤く描くのか。国旗の日の丸のせいかもしれない？　ならば、日の丸はなぜ赤い？

神社で長鳴鳥《ながなきどり》などの鶏が多く飼われていることも、これと関係する。アマテラス（天照大神・天照大御神）が天の岩戸にこもったとき、長鳴鳥が集められ、鳴かせることで、太陽神・アマテラスをおびき出そうとしている。鶏や長鳴鳥は、早朝に鳴く。朝日を招き寄せる霊力があると信じられていたのだ。そして、朝日は赤い。日本人は朝日を重視したから、日の丸は赤いのだ。

一神教の民族は、太陽よりも星を重視する。天空にあって動かない北極星が、「唯一絶対の神」に見えたのだ。文明の発展した中国の皇帝も太一《たいいつ》（北極星）を重視する点、一神教的だ。

この中国の太一に対する信仰はヤマト建国時には、すでに日本に伝わっていて、古墳に埋葬される人物の頭（頭位）は、北を向くように設計されていた。ただし、縄文的な文化の香りを残していた「東」では、最初は頭位は日の昇る東を向いていた。渡来文化を受け入れず、独自の太陽信仰を守っていたのだろう。また、ヤマトの王も、太陽信仰を捨てようとはせず、「スタイルだけ中国風」という埋葬文化を生み出したようだ。

ここで強調しておきたいのは、太陽神は『日本書紀』や『古事記』に登場する「アマテラス」だけではなく、それぞれの地域、集落ごとに存在したことだ。それぞれの人が思い思いに、太陽神を敬ってきたのだ。

古代豪族も始祖を太陽神になぞらえている。物部氏の祖のニギハヤヒ（饒速日命《にぎはやひのみこと》）は、

『先代旧事本紀《せんだいくじほんぎ》』の中で「天照国照彦天火明櫛玉饒速日尊《あまてるくにてるひこあまのほのあかりくしたまにぎはやひのみこと》」と呼ばれていて、「天照」の二文字が冠せられている。海の民も独自の太陽信仰を守りつづけた。対馬（長崎県対馬市）には式内社の阿麻氏留《あまてる》神社が鎮座し、かつては照日《てるひ》権現《ごんげん》神社とも呼ばれていて、記紀神話には登場しない古い太陽神が祀《まつ》られる。

ちなみに、対馬では「天道童子《てんどうどうじ》（法師）」の信仰もある。天道童子の母は朝日の光りに感じて天道童子を身籠もったという。この「天道童子」が、お天道様という言葉につながっていったのではないかとする説がある。対馬は海の民が重視した地であり、彼らが日本各地に「天道童子（お天道様）」の神話を伝えたのかもしれない。

『日本書紀』にも「蛭児《ひるこ》（蛭子《ひるこ》）」という神が登場する。「蛭児」は「日の子」であり、太陽神的性格を帯びていたが、成長できずに捨てられ、流されている。アマテラスの別名は大日孁貴《おおひるめのむち》（大日女《おおひるめ》）で「ヒルメ」でもあり、男神の「ヒルコ」と対になっていたと考えられている。

太古の日本人は「お日さま」を神と考え、祀ってきた。ただ「天照大神」という厳めしい名前にされたのは、意外に新しいことだろうし、それは「国が定めた」政治的存在だったことを、まず知っておいてもらいたいのである。

アマテラスが先か持統が先か

ここで確認しておきたいのは、『日本書紀』や『古事記』に登場し伊勢神宮で祀られるアマテラスだけが、古代列島人の太陽神だったわけではない、ということだ。そして、朝廷が定めた太陽神が、伊勢神宮で祀られるアマテラスだった。

つまり、『日本書紀』に登場し伊勢神宮で祀られるアマテラスは、きわめて政治的な要求を受けて誕生した可能性がある。この仮説を裏付けているのが、『日本書紀』である。

『日本書紀』の最後の文章がじつに印象的だ。それが持統十一年（六九七）八月一日条で、「天皇（女帝・持統）は禁中（宮中）で策を定め、皇太子（このあと即位する孫の軽皇子《かるのみこ》、のちの文武天皇）に位を譲られた」とある。

持統天皇はこのあと太上天皇となり、孫の後見役となるが、なぜ『日本書紀』は、この禅譲の場面で、神代（神話）から続く歴史の幕を閉じたのだろう。持統太上天皇が崩御（天皇の死）するのは五年後の大宝二年（七〇二）で、『日本書紀』が完成する七二〇年の十八年も前のことだから、ここで区切ることも可能だった。また持統に続く文武天皇は短命で、慶雲四年（七〇七）の崩御だから、ここで歴史記述を終えるのが、むしろ自然だったと思う。それなのになぜ、持統天皇が王位を譲った場面を「ひとつの歴史の句読点」としたのだろう。

この幕の引き方は、『日本書紀』が持統天皇の神格化を意図したものであることの「証拠」ではないだろうか。

持統天皇の諡号《しごう》は最初「大倭根子《おおやまとねこ》天之《あまの》広野《ひろの》日《ひ》女尊《めのみこと》」だったが、『日本書紀』が編纂された段階で「高天原広野姫天皇《たかまのはらひろのひめのすめらみこと》」にすり替えられていたことが、次の正史（正しい歴史ではなく、政権側が正式に編んだ歴史書）である『続日本紀《しょくにほんぎ》』で暴露されている。後者は天上界の支配者であり、女神アマテラスを連想させる。神話のアマテラスは最初、子の正《まさ》哉《か》吾《あ》勝勝速日天忍穂耳尊《かつかちはやひあまのおしほみみのみこと》を地上界に送り込もうとしたが、孫の天津彦彦火瓊瓊杵尊《あまつひこひこほのににぎのみこと》に替えている。持統天皇は子の草壁皇子《くさかべのみこ》が早世したために、自ら即位し、孫の軽皇子に禅譲した。持統天皇はアマテラスと諡号で重ねられ、さらに、アマテラスの偉大な功績、天孫降臨と同じ図式を、持統天皇が再現した形になっている。

いや、そうではなく逆で、持統天皇が孫に皇位を譲った話を神話化したのが、天孫降臨であろう。持統天皇の禅譲劇を正当化するために、神話が必要になったと考えるべきだ。

持統とアマテラスが重なって見えているという推理は、すでに哲学者の上山春平らによって提出されている。まず、出雲の国譲りは、氏姓制度の上に繁栄していた蘇我氏に代表される旧豪族を政治的な死に追いやった中臣鎌足《なかとみのかまたり》と藤原不比等《ふじわらのふひと》の姿の投影と言い、アマテラスについては、次のように述べている。

> タカマノハラ系の最高神であるアマテラスが、孫のニニギに中つ国（日本）の統治権を与える「天孫降臨」の物語は、天上の神が地上の天皇に化肉する「現神《あきつみかみ》」成立の秘密を解きあかすと同時に、持統および元明（文武天皇の母：筆者注）と不比等との協力体制の展開にとって必要となった女帝から孫へという前例のない皇位継承の祖形を提示する意味をもった（『続・神々の体系　記紀神話の政治的背景』中公新書）

なるほど、その通りかもしれない。『日本書紀』は、神話の中で一回天孫降臨を語り、さらに持統天皇の「孫に皇位を譲った」場面で筆をおいたことによって、もう一度天孫降臨を果たした。つまり『日本書紀』の天孫降臨神話は一種の劇中劇であり、『日本書紀』全体が神話の体をなし、文武天皇が降臨（即位）して、ようやく歴史は始まったと言っているのである。

持統天皇は天上界の女神・アマテラスとなり、孫を地上界に降ろしたのだ。とすれば、持統天皇は「国母」「太陽神」であり、それ以前の歴史はすべて神話だったことになる。日本の正統な王家は、持統天皇（アマテラス）から始まると『日本書紀』は宣言していた。その持統天皇が、地上界の支配を孫の文武天皇に委ねたのである。

いったいこれは、なんだ。それ以前の王家は、ニセものだったのか。なぜこのようなカラクリが、『日本書紀』に用意されていたのだろう。少なくとも『日本書紀』は、持統天皇は夫の天武と仲睦まじく暮らしていたといい、通説もこれをほぼ認めている。天武と持統の間に断絶を見出すことは難しい。文武は天武の孫でもある。なぜ持統天皇（あるいは『日本書紀』）は、新たな王家のスタートを宣言したのだろう。そしてアマテラスとは、信仰とは無縁の、政治利用された「からくり人形」だったのだろうか。

ここで、『日本書紀』の思惑を理解するために、七世紀後半のヤマト政権の歴史を俯瞰しておく必要がある。

ただし、これから述べることは、通説と異なる部分もあり、そのため戸惑われるかもしれないが、詳細は、他の拙著を参照していただきたい（『蘇我氏の正体』新潮文庫、『藤原氏の正体』新潮文庫、『古代史の正体　縄文から平安まで』新潮新書など）。

誰のために『日本書紀』は書かれたか

ここでまず、現存する最古の正史『日本書紀』の話をしておかなければならない。

一般に、『日本書紀』は天皇の正統性を証明するために書かれたと考えられている。また、壬申《じんしん》の乱（六七二）を制して甥の大友皇子を殺した天武天皇が、自らの正義を訴えるために制作したと信じられている。『日本書紀』の本文の中には、歴史書の編纂を天武天皇が命じたと記されている。

しかし、『日本書紀』が完成したのは養老四年（七二〇）のことで、天武崩御から、三十年有余を経ている。天武の遺志がそのまま『日本書紀』の文面に反映されている保証はない。

さらに、『日本書紀』の研究が進み、編纂の中心に藤原不比等が立っていたこと、『日本書紀』が天皇のために書かれたわけではなく、藤原氏にとって都合の良い歴史書だった可能性が指摘されはじめた（『日本書紀成立の真実　書き換えの主導者は誰か』森博達　中央公論新社)。その通りだと思う。

『日本書紀』完成の年に藤原不比等が死んでいる。持統天皇の寵臣であり、政敵を追い落とし、実権を握ることに成功した人物だ。不比等は藤原氏の正義を証明するために『日本書紀』を編纂し、父・中臣(藤原)鎌足を古代史最大の英雄に仕立て上げた。『日本書紀』はにわか造りの歴史書だったと森博達は指摘していて、それは藤原不比等最晩年に編纂が進んでいたからだと思われる。

ちなみに藤原氏は天武(大海人皇子《おおあまのみこ》)の政敵で、『懐風藻《かいふうそう》』は中臣鎌足が大海人皇子を悪人呼ばわりしていたと記録している。

『日本書紀』編纂最大の目的は、中臣鎌足が中大兄皇子《なかのおおえのみこ》をそそのかして実行した乙巳《いっし》の変(六四五)の蘇我入鹿《そがのいるか》暗殺を正当化することだった。そのためには、蘇我氏を大悪人に仕立て上げる必要があり、守旧派で王家を蔑ろにしたと喧伝した。この『日本書紀』の主張はそのまま今日まで認められてきた。長い間藤原氏が朝廷の中心に立ちつづけてきたからだ。

ところが近年、蘇我氏見直し論が少しずつ登場し、「蘇我氏はむしろ改革派だったのではないか」と、考えられるようになってきた。王家を蔑ろにして乗っ取ろうとしていたという『日本書紀』の説明にも、疑問符が投げかけられるようになった。外戚《がいせき》の地位をしっかり固め、天皇の権威を楯に実権を握っていた蘇我氏が、王家を滅ぼす理由はなかったからだ。

暗殺現場で、斬りつけられた蘇我入鹿は皇極女帝に無実を訴え、救いを求めた。すると皇極は狼狽《うろた》え、息子の中大兄皇子に説明を求めた。この様子から、皇極と蘇我入鹿は男女の仲にあったのではないかと疑われもしているが、藤原氏の伝記『藤氏家伝』には、興味深い記述が残されている。

皇極天皇が即位したとき（蘇我入鹿存命中）、中臣鎌足は王室が衰微すると憤慨した。天皇が政治的な求心力を持たず、蘇我入鹿らがのさばったことを憂えていたのだ。その上で、蘇我入鹿を「寵幸《ちょうこう》の近臣」と表現している。未亡人だった皇極天皇が、蘇我入鹿を特別に慈しみ、そば近くに侍らしていたという。これは男女の仲だったと、暗に示している（意地の悪い表現である）。

『続日本紀』は、奈良時代の孝謙太上天皇（聖武天皇の娘）と道鏡の間柄を（こちらは明確に男女の関係にあった）「寵幸」と表現している。『藤氏家伝』を編纂した藤原仲麻呂も、「皇極女帝と蘇我入鹿の関係はただならぬものだった」と、考えていたかもしれない。

皇極と蘇我入鹿のふたりが懇《ねんご》ろだったかどうかははっきりとしないが、皇極天皇が親蘇我派だった可能性は高い。何しろ皇極は、蘇我氏全盛期に担ぎ上げられている。蘇我入鹿が殺されたあと、失意の中で玉座を弟に譲っているが、即位した孝徳天皇は、親蘇我方針を変更することなく、蘇我派人脈を重用している。

逆に、反蘇我派の中大兄皇子と中臣鎌足は、孝徳朝で活躍の場がなかった。色眼鏡をかけずに『日本書紀』を読めば自然に出てくる答えだ。

皇極天皇と孝徳天皇は、親蘇我派であり、中大兄皇子と中臣鎌足の蘇我入鹿暗殺事件は、要人暗殺ではあったが、蘇我系政権転覆に至っていない。

蘇我氏見直し論の背景

ここで改めて強調しておきたいのは、蘇我氏はけっして守旧派ではなかったし、王家を蔑ろにしていたわけでもなかったことだ。蘇我氏が中心となり、中央集権国家の建設が進められ、多くの人々が蘇我氏を支持していた（そう思う根拠は、このあとの壬申の乱の場面で触れる）。

かたや、中大兄皇子と中臣鎌足は、私利私欲によって蘇我入鹿を潰した可能性が高い。

中大兄皇子は蘇我氏が大海人皇子を高く評価していたことが気に喰わず、中臣鎌足は蘇我氏の全方位型の外交戦略を嫌っていた。虫の息だった百済《くだら》を救援してほしいと、願っていたのだ（『藤原氏の正体』）。それで蘇我入鹿を殺した。むしろ改革事業と逆行していた。

ただし、即位した孝徳天皇の改革事業は頓挫している。蘇我氏が計画していた難波宮《なにわのみや》遷都を、状況が変わったにもかかわらず、そのまま押し進めてしまったからだ。

都城造営は律令整備の最初の一歩だ。各地の豪族たちが私有していた土地と民を国家が吸い上げ、民に再分配する（貸し出す）制度を整えることによって、安定した徴税が可能となる。そのためには、国土を碁盤の目のように細分化する必要があった。その、基準となる大元が、都城だった。

そこで蘇我本宗家（蘇我蝦夷と入鹿ら蘇我の本家）は難波宮造営を計画し、孝徳天皇が蘇我本宗家の遺志を継承した。

だが、蘇我本宗家が滅んだ段階で奈良盆地から拠点を難波に遷すことは、危険だった。反動勢力が難波宮を見下ろす奈良盆地に地盤を築けば、立ちゆかなくなる。

実際、孝徳政権は度重なる要人暗殺に苦しめられ、遣唐使の邪魔をされ、政権は弱体化し瓦解していった。蘇我本宗家が健在であれば、遷都も成功していたかもしれないが、時期が悪すぎた。

反孝徳政権のゲリラ戦を展開していたのは中大兄皇子と中臣鎌足で、その拠点が、飛鳥の東側の多武峰《とうのみね》に続く高台だった。

いま多武峰に鎮座するのは談山《たんざん》神社で、中臣鎌足を祀るが、中大兄皇子と中臣鎌足が蘇我入鹿暗殺の密談を行なったのがこの場所で、そのために「談山」の名になったという。ここから山麓にかけてが、飛鳥の親蘇我政権と対峙するためのアジトであったことは、間違いない。

そして孝徳天皇が意を果たせぬまま崩御すると、中大兄皇子は親蘇我派の皇極（中大兄皇子の母でもあり、親蘇我派に対しては人質の意味も兼ねていた）を担ぎ上げ（重祚して斉明天皇）、実権を握ることに成功した。

『日本書紀』は斉明天皇が無謀な土木工事を敢行し、多くの人々から罵声を浴びせられたと記録するが、実行したのは中大兄皇子と中臣鎌足であろう。石上山《いそのかみのやま》（奈良県天理市）から飛鳥まで運河を造り石を運び、飛鳥の東側に石垣を積んでいる。これは、多武峰と中腹に至る丘陵地帯の城塞化にほかならず、百済遠征時、根城を親蘇我派に奪い取られることを防ぐ目的があったのだろう。

壬申の乱と皇親政治

実権を握った中大兄皇子と中臣鎌足は、百済救援のための出兵を実現するが、唐と新羅の連合軍の前に大敗北を喫する。これが白村江《はくすきのえ》の戦い（六六三）だ。この時、斉明天皇を筆頭に多くの女性が遠征に駆り出されたのは、人質の意味合いが濃かった。斉明天皇が積極的に遠征軍を率いたとする見方もあるが、朝倉　橘　広庭宮《あさくらのたちばなのひろにわのみや》（福岡県朝倉市）に滞在していた事実は重大な意味を持っている。ここは内陸部で、遠征軍に的確で迅速な指示を出すことはできない。要は、幽閉されていたわけだ。ここで、斉明天皇は崩御。

さらに日本と百済の連合軍も完膚なきまでに叩きのめされた。

日本は滅亡の危機に瀕し、亡命百済人たちは西日本に無数の山城を築いている（朝鮮式山城と神籠石《こうごいし》山城）。

天智六年（六六七）、中大兄皇子は近江（滋賀県）に宮を建て、翌年、ここで即位した（天智天皇）。しかし、敗戦の痛手は大きく民心は離れ（もともと人気が無かった）、政敵であった親蘇我派と妥協するほか手はなかった。この結果、重臣は蘇我系の人脈が多数派を占め、皇太子には蘇我氏が推す大海人皇子（のちの天武）を立てざるをえなかった。

幸い、唐と新羅の連合軍が日本より先に高句麗を叩く策に出て、その後新羅が唐に反旗を翻すに至り、日本は命拾いをしたのだった。

天智天皇は最晩年、病床に大海人皇子を呼び出し、禅譲の意思を伝えると、大海人皇子はワナと悟り、出家して吉野（奈良県吉野郡）に逃れた。天智天皇崩御ののち、天智の子の大友皇子と大海人皇子はにらみ合いを続けたが、大海人皇子は「大友皇子が挙兵しようとしている」と述べ、東国に逃れ、乱は勃発した。数名の舎人（下級役人）だけを従えた大海人皇子だったが、雪崩のような勝利を手に入れた。これが古代最大の争乱「壬申の乱（六七二）」である。

戦勝の要因は、いくつもある。①東国の尾張氏が加勢したこと、②天智天皇の不人気、そして、③近江朝を席巻していた蘇我系豪族の寝返りである。蘇我系豪族たちは、もともと大海人皇子を支持していたのだから、これは予想されたことだ。

こうして大海人皇子は都を蘇我氏の地盤である飛鳥に遷し、即位した（天武天皇）。ちなみに、天武天皇が天智天皇の娘の鸕野讃良皇女《うののさららのひめみこ》（のちの持統天皇）を皇后に据えたのは、政敵や親天智派、白村江の戦いのあと亡命してきた大量の百済遺民を懐柔するための方便と思われる。

『日本書紀』は中大兄皇子（天智天皇）を古代史の英雄と描いているから、改革派のイメージが強いが、実態は異なる。百済救援にうつつを抜かしていたし、即位から崩御までの年月が短すぎて（四年足らず）人気は無かったから、改革の実績は無いに等しかった。これに対し天武天皇は、改革派の神輿に乗って、律令整備を一気に押し進めた。天皇と皇族が権力を独占し、大鉈《おおなた》を振るった。いわゆる皇親政治というものだ。

ちなみに、隋や唐で編まれた律令（「刑法」と「行政法」）は、皇帝の権力を認めていたが、日本に移入された統治システムは、書き替えられていた。天皇の命令は絶対だが、それは天皇の意思ではなく、太政官という合議組織で決まり奏上された案件を天皇が追認するものだった。これが文字に起こされ、効力を発揮する。つまり、皇親政治は律令が整うまでの便宜上の権力集中であり、律令が整った段階で、権力は貴族層に委譲される手はずだった。

皇太子は草壁皇子ではなく大津皇子だった？

天武天皇が志半ばで崩御してしまったことが、大きな悲劇を招く。鸕野讃良皇女は息子・草壁皇子のライバルだった大津皇子に謀反の濡れ衣を着せて、捕縛し、翌日有無をいわさず刑を執行した（自経《じけい》）。これには反天武派、反蘇我派の藤原不比等がからんでいたと考えられている。

この直前、天武天皇は病床から勅《みことのり》して「天下のことは大小にかかわらず、すべて皇后と皇太子に啓上するように」と命じたと『日本書紀』は記録する。

ここで実権は鸕野讃良皇女と皇太子だったとされる草壁皇子に委譲されたことになる。しかし、これは奇妙だ。なぜ草壁皇子ひとりではなく、鸕野讃良皇女と草壁皇子のふたりに、権力を与えたのだろう。『日本書紀』の言うとおり、草壁皇子が皇太子であれば、鸕野讃良に出る幕はない。草壁皇子は幼くない。

本当は大津皇子が皇太子だったのではないか。だから、鸕野讃良皇女はここで、静かなクーデターを起こしたのだろう。皇后の地位を利用して、天武天皇を看病し、密室で都合の良い勅を引き出す（捏造する）ことが可能だったはずだ。大津皇子が皇太子だったからこそ、皇后とその子への権力の委譲を画策したと考えると矛盾がなくなる。

『日本書紀』は天武の皇太子は草壁皇子だったと記録するが、『懐風藻』や『万葉集』は否定している。

八世紀半ばの成立とされる日本初の漢詩集『懐風藻』は、大津皇子を「太子」と呼んでいる。太子は皇太子のことで、『懐風藻』は意図的にこの二文字をあてがったと思われる。『日本書紀』の「皇太子＝草壁」は、後付けのでっち上げではあるまいか。

蘇我氏を表す「石川郎女」という隠語

『万葉集』も、隠語を用いて、大津皇子の本当の地位を説明している。それが「石川郎《いしかわのいら》女《つめ》（女郎《いらつめ》）」だ。ちなみに、石川郎女は『日本書紀』には登場しない。

石川郎女は恋多き女性で、多くの男性を誘惑している。最初はモテモテ、時間の経過とともに、見向きもされなくなる。ただし、長い期間にわたって登場するため、実在したとしても、「ひとりではない」と考えられてもいる。

石川郎女の歌の中でよく知られているのは、天武天皇崩御の直後、草壁皇子や大津皇子との間に交わされたものだ。それが『万葉集』巻二―一〇七〜一一〇である。

まず「大津皇子、石川郎女に贈る御歌一首」（巻二―一〇七）は、石川郎女を待ちわびる大津皇子の歌で、石川郎女はこれに応えている（巻二―一〇八）。禁断の恋だったのだろうか。ふたりはこのあと露顕することを承知で逢瀬を楽しんでいたことが、歌の内容から分かる（巻二―一〇九）。

草壁皇子も石川郎女に恋焦がれていた。この勝負、大津皇子に軍配が上がったようだ。だが、草壁皇子は忘れられないと言い（巻二―一一〇）、悔しさをにじませている。

それにしても、奇妙だ。天武崩御が九月九日、大津皇子謀反（冤罪だが）が同月二十四日（発覚は十月二日）で、この緊迫する間に、大津皇子と草壁皇子は、本当にひとりの女性をめぐって、呑気に恋の鞘当てをしていたのだろうか。どうにも違和感を覚える。

ここで改めて、『万葉集』の性格について、触れておきたい。

『万葉集』は奈良時代の後半に完成したと考えられている。編者は定かではないが、大伴家持が最有力候補だ。文学作品として研究されているが、『万葉集』はれっきとした歴史書だ。罪なくして殺され、敗れて恨む者たちの声を代弁している。

平城京遷都（七一〇）ののち、中臣鎌足の子の藤原不比等や藤原氏が独裁権力を握るようになり、多くの者たちが蹴落とされていった。豪族だけではない。皇族も邪魔になれば消された。『日本書紀』が編纂され、藤原氏の正義は声高に叫ばれたが、敗れ去った者たちの悲鳴は握りつぶされた。そんな中、『万葉集』は人びとの歌を利用して、真実の歴史を後世に伝えようとしていたと思われる。そのもっとも分かりやすい例が、

「石川郎女という隠語」だったのである。

奈良・薬師寺の秘密

「石川郎女」は、難しいカラクリではない。八世紀以降、蘇我氏は「石川」を名乗っていく。つまり、石川郎女の行動を「力をもっていた時代の蘇我氏の意思」に置き換えると分かりやすい。

初めはモテモテ、のちに殿方に言い寄っても振られていくという様子は、ちょうど蘇我氏の盛衰と時代的に重なっている。蘇我入鹿暗殺によって蘇我氏は滅びたという印象が強いが、奈良時代の前半まで、しっかりと外戚の地位を保ち、発言力を持っていた。つまり実力者である蘇我氏（石川郎女）が「草壁皇子ではなく大津皇子」を選択したのだから、天武の後継者は大津皇子だったのだろう。ちなみに、大津皇子の母は大田皇女《おおたのひめみこ》で、鸕野讃良皇女の姉だったが、若くして亡くなってしまっていた。

大津皇子は天武崩御前後の鸕野讃良皇女の暴走に辟易し、東国の尾張氏を頼ろうとしたのではなかったか。『日本書紀』はまったく記録していないが、『万葉集』は大津皇子が伊勢斎宮《さいくう》（三重県多気郡明和町）までやってきたことを明記している。姉の伊勢斎王・

大来皇女《おおくのひめみこ》が弟の都に帰る姿を歌にしていることで、はっきりとわかる（巻二―一〇五～一〇六）。

天武天皇の崩御の直後、大津皇子が東国に入ったという事実を記せば、謀反の重大な証拠となりうる。壬申の乱に際し、大海人皇子は東国に入り尾張氏の加勢を得て近江朝の正規軍を破ることができた。大津皇子も、尾張氏に泣きつこうとしたのではなかったか。ところが『日本書紀』は、この経過を隠匿してしまった。鸕野讃良皇女が、不正義を働いていたからだろう。

鸕野讃良皇女の行動が無理筋だったことは、いくつもの傍証によって明らかになる。まず、伊勢斎王だった大来皇女は、大津皇子の死後都に戻り、大津皇子の墓を移動させている。『万葉集』の大来皇女の歌の題詞に、「屍《かばね》を葛城《かづらき》の二上山《ふたがみやま》に移し葬る時」（巻二―一六五～一六六）とあるのだ。もちろん、『日本書紀』はこの事態をまったく無視している。一度罪人としてぞんざいに埋められたであろう大津皇子の遺骸を、大来皇女は勝手に二上山の山頂にもっていったのだろう。鸕野讃良皇女は、面目を失ったし、天武の大切な後継者を殺してしまった鸕野讃良皇女に、蘇我氏だけではなく、多くの人々が冷淡になったはずだ。大津皇子の妃の山辺皇女《やまのべのひめみこ》が裸足で大津皇子を追って自死したこと、みな嘆き悲しんだことだけは、『日本書紀』も記録している。

奈良の薬師寺は、天武と持統の良好だった夫婦仲を示すお寺と知られているが、大津皇子の祟りに脅えた寺でもある。大津皇子は竜神になって毒を吐き、人々を苦しめたと薬師寺は語り継いでいる。大津皇子は祟り神になったわけだ。祟りは祟られる側にやましい心がなければ成立しない。鸕野讃良皇女は、大津皇子を罪なくして殺めたのだろう。

天武崩御から約二年半の間、草壁皇子は即位出来ず、病没してしまう。すでに触れたように、律令整備を急ぎ、皇親体制を布いていたこの時代、天皇不在は改革事業の遅延を招いたはずで、長すぎる空位は、不自然だ。しかし、大津皇子が皇太子で、鸕野讃良皇女がこれを覆そうとしたと考えると、その空位の理由がはっきりとする。『万葉集』も証言していたように、「石川＝蘇我」は大津皇子を支持していただろうし、大津皇子を抹殺した鸕野讃良の行動を許せず、ヘソを曲げたのだろう。鸕野讃良皇女と草壁皇子は、孤立した可能性が高い。その証拠が「岡宮」に隠されている。

草壁皇子が岡宮に住んだわけ

これはとても不思議なことなのだが、『日本書紀』は天武天皇崩御のあと、草壁皇子と鸕野讃良皇女がどこで暮らしていたのか、沈黙している。一言も書かれていない。天武天皇が暮らした飛鳥浄御原宮《あすかきよみはらのみや》で過ごしていたのだろうか。そうだとしても、住まい（宮）を『日本書紀』が記録しなかった理由が、よく分からない。これはミスではなく、宮の所在地を記せば、この時代の鸕野讃良たちの立場がハッキリと分かってしまうからではないか。『日本書紀』は鸕野讃良と草壁皇子の所在を隠滅したのだ。

せっかく『日本書紀』が隠したのに、『日本書紀』のあとに作られた正史『続日本紀』が、うっかり草壁皇子の居場所を記録してしまっている。天平宝字二年（七五八）、淳仁天皇が草壁皇子に「岡宮　御　宇　天皇《あめのしたしろしめしすめらみこと》」と、追号を贈ったというのだ。つまり、草壁皇子が岡宮で暮らしていたことは、みな知っていたことなのである。それを、『日本書紀』は、意図的に隠している。現在の住所は奈良県高市郡明日香村岡だ。

岡宮のあとに建ったのが岡寺で、飛鳥から見て東側の急峻な坂道を登った場所にある。強固な石垣に囲まれ、下から見上げるとまるで砦のようで、それはなぜかと言えば、多武峰から下った中腹に位置することと無縁ではあるまい。つまり、ここは飛鳥勢力と対峙するにはもってこいの防衛力を備えていた。不便な場所だが、飛鳥の敵をはね返すことができる反蘇我派、親百済派のアジトと考えるべきだ。

事実、「岡」の地は、百済系渡来人・市往《いちき》氏と縁が深く、市往氏から奈良時代の高僧・義淵《ぎえん》が出ている。『醍醐寺本諸寺縁起集《だいごじぼんしょじえんぎしゅう》』には、義淵が国家隆泰と藤氏栄昌を願って岡寺を創建したとある。

『扶桑略記《ふそうりゃっき》』には、義淵の父母は観音に祈願して子を授かり、それを知った天智天皇は、義淵と草壁皇子を岡本宮（岡宮）で養育し、義淵はのちにこの宮を寺にしたとある。それが岡寺（龍蓋寺《りゅうがいじ》）だったという。つまり草壁皇子は、飛鳥の中心部から離れた場所で晩年を過ごし、即位できずに亡くなったのだ。

そして、岡宮に暮らしていたことを公表することは、『日本書紀』や藤原不比等にとって都合が悪かったのだろう。鸕野讃良皇女は飛鳥勢力からつまはじきにされていたこと、孤立していたことが露顕してしまうからだ。

もうひとつ付け足しておきたいことがある。草壁皇子薨去《こうきょ》を受けて、持統四年（六九〇）に鸕野讃良皇女は即位する（持統天皇）。ところが、『扶桑略記』には、この時持統は藤原不比等の私邸を宮にしていたとある。本当かどうか、確かめようがないが、即位後の持統天皇の宮についても、『日本書紀』は言葉を濁している。吉野宮などに行幸したあと、どこにもどってきたか、記録していない。はなはだ不自然なことだ。

異常な回数の吉野行幸

持統天皇は、本当に即位していたのだろうか。草壁皇子が薨去したあと、蘇我氏や周辺の豪族層の合意を、どうやってとりつけたのだろう。天武天皇にはあまたの皇子が生まれていたから、本当なら彼らが即位するべきだった。草壁皇子が死んだからそののち持統が即位するという理屈も奇妙だ。

ひとつ気になるのは、持統天皇が即位後直ちに高市皇子《たけちのみこ》を太政大臣に抜擢していることだ（『日本書紀』）。高市皇子は天武の長男で、壬申の乱の主役のひとりだが、卑母《ひぼ》（北部九州の胸形氏）の出だったために、皇位継承候補にはなれなかったと考えられている。この時代の高貴な女性は、なんといっても蘇我系である。

草壁皇子の存命中、飛鳥浄御原令（六八九）が完成していて、律令整備に向けて歩みは止まっていなかったことがわかる。ただ、天武天皇が残した浄御原宮に鸕野讃良皇女と草壁皇子が暮らしていたのなら、この法は彼らの業績ということになるが、岡宮で指をくわえながら眺めていたのだろうし、天武の皇子たちが、事業を継承していた可能性が高い。そしてその中心に立っていたのが、高市皇子だろう。

持統天皇は、高市皇子と密約を結んだのではないだろうか。持統は即位するが、実務には全く関与せず、神祇《じんぎ》祭祀《さいし》に専念する（実権を獲得しない）こととし、律令整備や新都造営を高市皇子に任せ、全権を委譲したのではなかったか。

と言うのも、持統天皇は即位後、異常な回数の吉野行幸をくり返していたからだ。『日本書紀』に残された記事を拾い上げると、次のようになる。

持統三年（六八九）正月、八月、十月（高安城）、四年二月、五月、六月（泊瀬）、八月、十月、十二月、五年正月、四月、七月、十月と、実に慌ただしい。また四年九月には紀伊行幸、六年正月（新益京《あらましのみやこ》）、三月に伊勢、五月、七年三月、五月、七月、九月（吉野と多武峰）、十一月、八年正月、四月、九月、九年閏二月、三月、六月、八月、十月（菟《う》田《だ》）、十二月、十年二月、三月（二槻宮）、四月、六月、十一年四月……。

皇親体制の中、律令整備に邁進している政権の天皇の行動としては、まったく理解不能なのだ。

吉野は壬申の乱の直前に、大海人皇子と鸕野讃良皇女が逃れていた地であった。直木孝次郎は、持統は思い出の地が懐かしかったのではないかと推理した。ただし、三十数回にわたって通った意味は分からないと言及している（『持統天皇』吉川弘文館）。異常な回数であることは、誰にもわかる。

『日本書紀』は天武紀の中で夫婦仲を強調するが、これがかえって怪しい。天武を心の底から愛していたのなら、その遺児（大津皇子）をワナにはめて殺すことはできないだろう。

鸕野讃良皇女は息子の皇位継承を熱望し、草壁皇子亡きあとは、次善の策として、孫（軽皇子）の即位に執着した。そのために、高市皇子に実権を渡し、祭司王に徹して吉野に通い詰め、自身の野望を隠し通そうとしたのだろう。

高市皇子に冷淡な日本書紀

高市皇子は、新益京（藤原宮）が完成する直前に急死する。持統十年（六九六）秋七月十日のことだ。

ちなみに、新益京の造営に天武天皇はほとんど関与していなかったと考えられてきた。『日本書紀』がハッキリと書かなかったからだ。天武十三年（六八四）三月に天武天皇が「京師《みやこ》を視察し、宮の造営地を定めた」と記録されているが、天武朝の記事はこれだけで、『日本書紀』は明らかに天武天皇の功績を隠蔽している。

天武天皇は総延長六二〇〇キロに及ぶ道路ネットワークの造営もはじめているが、

『日本書紀』はこれも記事にしていない。新益京も持統朝に入って工事は進められたと史学者は信じてきた。しかし、近年の発掘調査は「すでに天武朝の時点で、計画は進められていた」ことを明らかにしている。

「藤原宮」の名から、いかにも藤原氏や持統天皇が新都を造営したかのようなイメージが強かったが、天武天皇が計画し、子の高市皇子が事業を継承していたわけだ。

さらに余談ながら、新益京は一般に「藤原京」と呼ばれているが、どの古代文書にも「藤原京」とは書かれていない。「藤原宮」の三文字は存在するが、もともとこの場所は「葛井《ふじい》が原」と呼ばれていて、これが「藤原」に化けてしまった。京域の正式名称は「新益京」だ。

『万葉集』巻二—一九九の題詞に「高市皇子尊の城上の殯宮の時、柿本朝臣人麿の作る歌一首」とあって、この歌の一節に、

やすみしし　わご大王《おほきみ》の　天の下　申し給へば　万代《よろづよ》に　然《しか》しもあらむと

がある。意味は「わが高市皇子が天下を治められたので、万代までそうであろうと思

った」となる。高市皇子がこの時代を動かす中心人物であったことは、この歌からも明らかだ。

持統朝の実権を握っていたのは高市皇子だった。問題は、本当に持統は即位していたのかで、高市皇子は皇太子だった可能性もある。少なくとも太政大臣だったことは『日本書紀』も認めている。皇親体制下の独裁的な権力を握った天皇に準じる地位にあったことは間違いない。

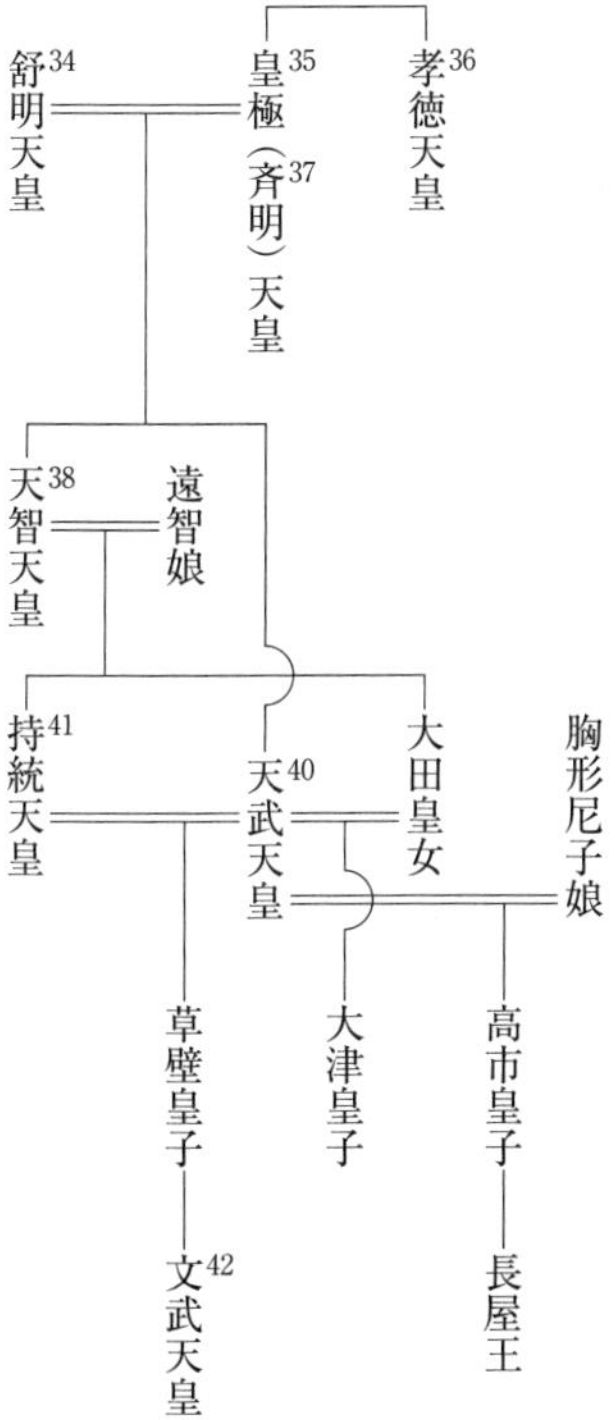

なぜ、このようなことを言い出すのかというと、『日本書紀』の高市皇子の死にまつわる記事に、不審点が多いからだ。たとえば『日本書紀』は「後皇子尊《のちのみこのみこと》薨《みう》せましぬ」と記すのみで、「高市皇子」の名を伏せている。これでは、だれが亡くなったのか分からない。なぜこのような書き方をするのだろう。不自然きわまりない。『日本書紀』は何かを隠している。

実は即位していた？

高市皇子は持統天皇と藤原不比等の手で殺されたのではないか。根拠はいくつかある。

まず、『日本書紀』の高市皇子にまつわる記述が、不自然なのだ。

『日本書紀』の「後皇子尊」は、草壁皇子の「日並知皇子尊《ひなみしのみこのみこと》」を意識した名ではないかと疑われている。高市皇子は太政大臣だが、草壁皇子も太政大臣に任命されていたから「尊」の二文字を得ていた可能性がある。ただ、「尊」は特別な尊称で、なぜ即位していないふたりの人物につけられたのか分からない。しかも高市皇子は死の場面で名前を省かれていてちぐはぐなのだ。

問題はほかにもある。『日本書紀』の持統十一年（六九七）二月二十八日条に、皇太子の身の回りの世話をする役人の人事が記録されていて、高市皇子の死を受けて、「誰かが立太子した可能性」をほのめかしていることだ。もちろん、持統の孫の軽皇子が皇太子に立てられ、だからこそ、すぐそのあと、即位したのだろう（先述した『日本書紀』最後の一行。禅譲記事）。

しかし、なぜ『日本書紀』は、「高市皇子が亡くなったあと、軽皇子が立太子した」と、すなおに記録できなかったのか。

『懐風藻』は、高市皇子が亡くなったとき、皇位継承問題が勃発していたことを伝え、さらに具体的な会議の様子を記録している。葛野王《かどのおう》を紹介する場面だ。葛野王は大友皇子と十市皇女《とおちのひめみこ》（天武天皇の皇女）の間に生まれた子で、天智と天武両方の血が入った貴種だ。大友皇子が壬申の乱で勝利していれば、もっとも有力な皇位継承候補になっていただろう。いわば、屈折したキャラクターといえる。この男に、持統と藤原不比等は、目をつけたようだ。

記事は、次のようなものだ。

まず『懐風藻』は、この会議の場面で、持統を「皇太后」と呼び、天皇扱いしていない。これでは、天武天皇の正妃だった人、になってしまう。これも意味深長で、大津皇子の「太子」同様、『日本書紀』の主張「持統は即位していた」と矛盾している。『扶桑略記』の「持統天皇は藤原不比等の私邸を宮にしていた」という証言と重ねると、じつに、興味深いことになる。

皇太后（持統）は、高市皇子の死を受けて、皇族や群臣を集め、皇位継承者の選定を議論させている。群臣は好き勝手を言い合い、紛糾し混乱した。このとき葛野王が発言した。

「わが国は神代から今まで、子孫が皇位を嗣いできたのに、今もし兄弟が相続すれば、乱はここから起きるだろう」

これに弓削皇子《ゆげのみこ》が反論しようとした。天武天皇の皇子のひとりだ。葛野王はこれを遮り一喝した。皇太后は、この葛野王の一言が国の行く末を定めたと絶賛し喜んだと、『懐風藻』は記録している。

葛野王の発言も不自然だ。『日本書紀』を信じるなら、ここは持統天皇から天武天皇の皇子への皇位継承が議題となっていたはずだ。「兄弟の相続」には当てはまらない。だから葛野王は、天武天皇の皇子（具体的には高市皇子）が即位していたことを前提に、他の皇子の立太子は「兄弟の相続だから許されない」と言っていることになる。とすれば、『懐風藻』は「高市皇子は即位していた」と訴えたかったことになるまいか。

アマテラスと持統天皇

真相は藪の中だ。しかし、持統天皇は限りなく黒に近い。本当に即位していたのだろうか。柿本人麿は『万葉集』の中で、高市皇子を「大王」と呼んでいる。天皇号が成立したのは天武天皇の時代と考えられているが、そうなるとそのあとの時代に、大王と呼んでいることになって、直接「高市が天皇だった」といっていることにはならないが、これも気になる。

平城京から出土した木簡では、高市皇子の子の長屋王《ながやおう》を「長屋親王《ながやしんのう》」と呼んでいた。「王」一文字なら皇族を指すが、「親王」は天皇の子の意味になる。歴史書ではなく生の史料である木簡に「親王」と書かれていた事実は、侮れない。高市皇子は即位していた可能性がある。少なくとも、天皇と同等の地位にいたと考えられていたことは間違いない。

いったい、天武天皇崩御のあと、何が起きていたのだろう。そして持統天皇と藤原不比等は、何を目論んでいたのか。それが大事件であったにもかかわらず、これまでほとんど知られてこなかったのは、藤原不比等が『日本書紀』の中で、真実の歴史を抹殺してしまったからだろう。歴史の闇に埋もれたクーデターと言っても過言ではない。持統天皇と藤原不比等が、尋常ならざる手口によって文武天皇即位を実現していた。このことを前提に、ようやくアマテラスについて、語ることが可能になってきたわけだ。すでに述べたように、『日本書紀』は持統の禅譲の場面で、筆を擱いている。そして、持統天皇はアマテラスに、文武天皇は天津彦彦火瓊瓊杵尊になぞらえられている。

大切なのは、『日本書紀』全体が神話であり、文武天皇の時代から現世が始まったと、『日本書紀』は主張していることだ。神代だけではなく、初代神武天皇から持統天皇までが「神話」になってしまっている。新たな時代は、持統の孫・文武天皇から始まる。そうなると、親蘇我派や天武天皇は、出雲神話のまつろわぬ邪神たち（鬼神・悪役）に該当することになる。だから『日本書紀』は、スサノヲや蘇我氏を鬼あつかいしていたわけだ。

つまり、『日本書紀』神話のアマテラスも、持統天皇をモデルにして創作された可能性が出てくる。アマテラスは人工的で新しい神であり、日本人の太古の信仰とはかけ離れているのではないか。

ならば、伊勢神宮に祀られるアマテラスも、張りぼてなのだろうか。矛盾するようだが、伊勢神宮のアマテラスは、じつに生々しいのだ。

ひとつ気になるのは、歴代天皇が伊勢神宮を親拝されず、避けてきたことなのだ。アマテラスが政治的に創作されたと言うのなら、むしろ天皇家や政権は、「張りぼてではないことを証明する」ためにも、熱心に伊勢に通うべきではなかったか。

皇太子時代の桓武天皇が、祟り封じを目的に伊勢に参拝したという話も、「張りぼてと知っていたらあり得ない」ことであり、祟り封じをする神は「かつては祟ったことのある恐ろしい神」である場合が多く、王家は「アマテラスは恐ろしい神」と認識していたのであり、彼らにとってアマテラスは「架空の存在」ではないという認識があったのではないか。

そして、『日本書紀』が創作したアマテラスと、伊勢で祀られるアマテラスは、別物だったのではあるまいか。『日本書紀』は持統をモデルにしてアマテラスを創作し、その一方で、王家に恐れられたアマテラスは、伊勢で祀られている……。

やはり、アマテラスは、謎めく。だからこそ、アマテラスの正体を、探っていきたいのである。

第二章　太陽神と伊勢の地をめぐる謎を解く

なぜ王家はアマテラスを恐れたか

アマテラス最大の謎は、「王家自身が祖神のアマテラスを恐れていた」ことにある。ヤマト黎明期に話はさかのぼる（三世紀後半から四世紀の話になる）。

実在の初代王と目されている崇神天皇は、アマテラスと日本《やまとの》（倭）大国魂神《おおくにたまのかみ》を宮中で祀っていたが、神威に圧倒され、宮から放逐してしまっている。

なぜ、黎明期のヤマトの王は宮でアマテラスを祀っていたのだろう。『日本書紀』神代下第九段一書第二に、次の説話がある。

アマテラスが子の天忍穂耳尊《あまのおしほみみのみこと》に宝鏡を手渡し、祝福して「わが御子よ、この宝鏡を観ることは、私を観ることと同じと考えよ。この鏡と床を同じくして殿《おおとの》（館）を同じにして、祀る鏡とせよ」と命じた。だから、崇神天皇も宮でアマテラスの御神体を祀っていたわけだ（同床共殿《どうしょうきょうでん》）。ところが、アマテラスが恐ろしくなったと言っている。これはいったい、なにを意味しているのだろう。

　ちなみに、アマテラスの言葉には続きがあり、天児屋命《あめのこやねのみこと》と太玉命《ふとたまのみこと》に「お前たち二柱の神も、同じように殿の内に侍り、外敵や災難から防ぎ、護るように」と命じたという。ここに登場する天児屋命は中臣氏の、太玉命は、忌部《いんべ》（斎部《いんべ》）氏の祖神だ。

　アマテラスは、もちろん皇祖神だが、日本大国魂神は、ヤマト（大和国。奈良県）の地元の神であり、国土鎮守の神だ。

「神威に圧倒され」た崇神天皇は、アマテラスを豊鍬入姫命《とよすきいりひめのみこと》に託し（憑依させ）、笠縫《かさぬいの》邑《むら》（奈良県桜井市の檜原《ひばら》神社と思われる）の堅牢な区画に神籬《ひもろぎ》（神の宿る森で神域）を造り、祀った。また、日本大国魂神を渟名城入姫命《ぬなきいりひめのみこと》に託し、祀らせた。ところが、渟名城入姫命の髪は抜け落ち、体はやせ細り、祀ることができなかった。

　ちなみに、豊鍬入姫命は崇神天皇と木国造《きのくにのみやつこ》（紀国造）の娘との間に生まれた娘で、渟名城入姫命は崇神と尾張系の女性（尾張大海媛《おわりのおおしあまひめ》）の間に生まれた娘だった。

　くどいようだが、アマテラスは天皇家の祖神であり、記紀神話の中心的存在だ。女性の太陽神で国母の地位にある。なぜ、崇神天皇はアマテラスの神威に圧倒されたのだろう。そこで、少し神話の世界に足を踏み入れてみよう。

『日本書紀』の神々の物語は「陰陽も分かれていない混沌」から始まり、天がまず出来上がり、地が固まり、そのあと神々が生まれている。天地が開ける初めの時、洲や島が浮いている状態で、最初の神は葦の芽のような形で生まれた。それが、国常立尊《くにのとこたちのみこと》だったという。国常立尊からイザナキ（伊奘諾尊《いざなきのみこと》）・イザナミ（伊奘冉尊《いざなみのみこと》）までを神世《かみよ》七代《ななよ》と『日本書紀』は呼んでいる。以下、神話の前半を要約する。

イザナキとイザナミの男女ペアは天浮橋《あまのうきはし》に立って国土（大八洲国《おおやしまのくに》）や海や川や山や草を生み出し、そのあとになって、「天下の主」を生んだ。これが日神《ひのかみ》で、大日孁貴《おおひるめのむち》といった。別伝には、天照大神とあり、あるいは天照大日孁尊《あまてらすおおひるめのみこと》といった。イザナキとイザナミは、アマテラスが光り輝き、天と地と四方、隅々まで照らしている様子をみて、喜んだ。

「子どもは多くいるが、まだ、これほど神秘的で霊妙《れいみょう》な子はいなかった。長くこの国（地上）に留まるべきではない。すぐに天上に送り、天界（高天原《たかまのはら》）の政事《まつりごと》を授けるべきだ」

と述べ、アマテラスを天上にあげた。そして、月の神（月読命）が生まれ、蛭子《ひるこ》が生まれたが、蛭子は三年たっても足が立たなかったので、天磐櫲樟船《あまのいわくすぶね》に乗せて風の吹くままに捨ててしまった。

そして、次に生まれたのがスサノヲ（素戔嗚尊《すさのをのみこと》）だった。スサノヲは勇ましく強かったが残忍で、つねに大声で泣いた。そのため、多くの人々を早死にさせ、青山を枯らしてしまった。イザナキとイザナミはスサノヲに勅し、

「お前のような乱暴者は、天下に君臨してはならない。遠い根国《ねのくに》に行ってしまえ」

と、追いはらってしまった……。

どう考えても、天皇家の祖のアマテラスは「良い神様」であり、崇神天皇が脅えた意味が、分からないのである。

崇神天皇が恐れた大物主神

崇神天皇は、アマテラスと日本大国魂神に怯えたが、ほぼ同時に、もう一柱、重要な神が登場していて、こちらも恐ろしい神だった。それが大物主神《おおものぬしのかみ》だ。『日本書紀』の記事を追っていこう。

崇神五年、国内に疫病がはやり、過半数の人々が亡くなるほどの惨事に見舞われた。翌六年、百姓は土地を離れ流浪し、背く者も現れた。天皇の徳をもってしても治めがたかった。天皇は政務に励み、天神地祇《てんじんちぎ》（天と地のすべての神々）に罪を謝ることを請うた。

崇神七年春二月、崇神天皇は神浅茅原《かむあさじはら》（桜井市茅原《ちはら》）にお出ましになり、八十万の神々を集め、占ってみた。すると神が倭迹迹日百襲姫命《やまとととひももそひめのみこと》（第七代孝霊天皇の皇女）に憑依し、次のように述べた。

「天皇よ、なぜ国の治まらないことを憂えるのだ。もしよく我を敬い祀れば、必ず平穏が訪れるであろう」

そこで天皇が名を問うと、

「我はこれ、倭国《やまとのくに》（この「倭」は旧大和国。奈良県）の中にいる神で、名を大物主神という」

と述べた。そこで、そのとおり、この神を祀ってみた。だが、何も変化はなかった。

そこで天皇は、沐浴し斎戒して身を清め、殿内を清浄にして祈り、

「私は神を充分敬っていないのだろうか。なぜ、祈りを受け入れてもらえないのだろう。願わくは、夢の中でお教えいただき、神恩を与えていただきたい」

と述べられた。するとその夜、夢の中にひとりの貴人が現れ、自ら大物主神であることを名乗り、次のように語った。

「そう憂えなさいますな。国の治まらないのは、私の意志なのだ。もしわが子・大田田《おおたた》根子《ねこ》をして私を祀らせれば、たちどころに平穏は戻り、海の外の国は自ずから帰服してくるだろう」

　この年の秋、同じ夢を見た者が現れ、崇神天皇は天下に布告して、大田田根子を探させた。すると、茅渟県《ちぬのあがた》の陶邑《すえのむら》（大阪府堺市）で見つかり、大物主神を祀らせると疫病の流行は終息し、国中が静かになった。五穀は実り、豊饒がもたらされた……。


　人口が激減したという話は大袈裟としても、何かしらの疫病が蔓延した可能性は高い。ちなみに、古代から人々を苦しめた疫病のひとつに天然痘（疱瘡）があって、日本には六世紀に仏教伝来とともに流入したと考えられている。天然痘の致死率は現代でも二〇～五〇％に上るから、人びとが恐れおののくような流行病は、ありうる話なのだ。それを古代人は、疫神や祟り神の仕業と考えて、ひたすら祀った。

　それにしても、なぜ出雲の大物主神が天皇家のお膝元で祀られ、祟ると信じられていたのだろう。

祟る神は祟りを鎮める力を持つ

大物主神がヤマトで祀られるようになったいきさつは、神話に記録されている。神話の第八段一書第六には、次のような話が載っている。出雲の国譲りよりも前の話だ。

出雲の国造りを終えた大己貴神《おおあなむちのかみ》（大国主神《おおくにぬしのかみ》）は、

「この国を平定したのはこの私だ。私と一緒に天下を治めるものは他にいるだろうか」

と語ると、目の前に、神《あや》しい光が忽然と現れた。

「もし私がいなければ、お前は国を定めることはできなかった。お前の業績は、私があったからこそなのだ」

と言う。そこで何者かと尋ねると、

「私はあなたの幸魂《さきみたま》・奇魂《くしみたま》（和魂《にぎみたま》。穏やかな魂。荒魂《あらみたま》の逆）である」

という。大己貴神が、どこに住みたいかを尋ねると、ヤマトの三諸山《みもろやま》（三輪山《みわやま》）だという。そこで、三輪に宮を建て、住まわれた。これが大物主神で、この神の子は甘茂君《かものきみ》等、大三輪君《おおみわきみ》等、姫蹈鞴五十鈴姫命《ひめたたらいすずひめのみこと》だ。

大物主神は、三輪山麓の大神《おおみわ》神社（奈良県桜井市）で祀られている。また、甘茂君は葛城地方に地盤を築いた賀茂氏で、大三輪君は、三輪地方の豪族となって行く。

このあと出雲の国譲りがあって、天孫降臨、日向《ひむか》神話、神武東征とつながっていく。したがって、この一連の話を信じるならば、まずヤマトに大物主神が祀られ、その後、ヤマトが建国され、実在の初代王＝崇神天皇が、大物主神の祟りに悩まされたということになる。

無視できないのは、アマテラスや日本大国魂神を宮から放逐した事件と大物主神の祟りが、ほぼ同時進行していたことで、しかも当事者である第十代崇神天皇と第十一代垂仁天皇の宮が三輪山麓にあって（磯城《しき》と纏向《まきむく》）、まさに大物主神を祀る神域に近かったことなのだ。

ここで謎めいているのは、大物主神が最初大己貴神に向かって「私はあなたの幸魂・奇魂」と述べていることで、祟りをもたらす恐ろしい神ではなかったことなのだ。「おまえの優しい部分が私なのだ」と言っている。

なぜ、同一人物（神）の中に、穏やかな性格と荒々しい性格が備わっていたのだろう。多神教徒にとっての神は、大自然そのものと考えるとわかりやすい。岩や石ころ、樹木、雲、風、水、山など、万物に精霊や神は宿ると信じた。その大自然は、嵐や火山の爆発など、人びとに災いをもたらす。この恐ろしい神々を丁重に祀ると、今度は幸をもたらす優しい神に化ける。人びとはひたすら神に恭順し、定期的に祭りを催し、神々をおだて上げ、無聊《ぶりょう》を慰めたのだ。

本来は祟る存在なのに、祟りを鎮める力を持っていた神の代表が、スサノヲや菅原道真だ。スサノヲは暴れ回る恐ろしい神で、病を振り撒く神だったが、平安時代に入って疫病が蔓延すると、人びとはスサノヲに救いを求めた。菅原道真は祟りをもたらしたのに、学問の神になった。祟りや災いをもたらす力が大きければ大きいほど、災難を振り払う力も大きく、幸をもたらすと信じられていたのだ。

つまり、神は鬼でもあり、表裏一体の性格を有していた。また、神や精霊は「モノ（物質）」に宿るので、「モノ」は、神や鬼の代名詞になり、原則として神は鬼なので、「鬼」と書いて「モノ」と読んでいた。『もののけ姫』の「もの」がまさにこれで、大物主神の「物」も、「鬼」を意味している。

大物主神は「大いなる鬼の主の神」で、日本を代表する鬼でもあった。だからこそ、ヤマト黎明期に、疫病を流行らせ、祟り神として恐れられたわけだ。しかも、大物主神がおわします三輪山と周辺で、太陽信仰が顕著な形で見受けられる点に注目すべきだ。三輪山は冬至や夏至、春分秋分時の日の昇る観測点として利用されていた可能性が高い。やはり霊山として知られる御蓋山《みかさやま》（奈良市。三笠山）も、太陽信仰と関わりが深い。どちらも観測点となり得る場所に、古い神社が鎮座している。これも、気になる。

ちなみに、『日本書紀』は大己貴神と大物主神を「元々は同じ神だった」と証言するが、これは間違いだ。大己貴神は大国主神で「大いなる国の主の神」なのだから、大物主神と比べれば、スケールは小さい。大物主神に恐れおののいたのは、大物主神が「大いなる鬼の主の神」であり、日本を代表する（頂点に立つ）祟り神だったからである。

くどいようだが、祟る力が強い神を丁重に祀れば、恵みをもたらす力も大きいということなのだ。だからこそ、ヤマト建国の地の纏向から仰ぎみる霊山に、大物主神は宿ると信じたのだろう。

ヤマト建国時の日神とアマテラス

アマテラスと日本大国魂神と大物主神が、崇神天皇の時代に恐れられていた事実を無視することはできない。神話じみているからとないがしろにしていては、真実の歴史は見えてこないだろう。なぜ、アマテラスと日本大国魂神を宮中で祀っていたのか。なぜ、日本一恐ろしい大物主神を、三輪山で祀っていたのだろう。

そこで一柱ずつ、「本当に恐ろしい神なのか」「恐ろしいとしたら、それはなぜか」を、探っていこうと思う。最初は、アマテラスのことだ。

まず、スサノヲとの関係から、アマテラスは本当に天皇家の祖神なのだろうか、と神話の大前提そのものを疑ってみたい。

そして、西暦七二〇年に完成した『日本書紀』に登場するアマテラスや、伊勢内宮で祀られるアマテラスが、ヤマト建国の黎明期（三世紀後半から四世紀）に崇神の宮中で祀られていた日神（太陽神。天照大神と呼ばれていたかもしれないが、定かではない）と同一ではない可能性についても考えてみたい。

『日本書紀』はアマテラスを最初は「日神」や「大日孁貴」と呼び、そのあとで「天照大神」と名付け、女神だったと言っている。しかし、このあと説明していくように、アマテラスは本来は男神だった可能性も高い。しかも、七世紀末から八世紀の政権が『日本書紀』を編纂し、きわめて政治的な思惑を抱いてアマテラスを編み出していったとなれば、ヤマト建国時に一度整えられた神祇祭祀《じんぎさいし》の中で崇められた「アマテラス（日神）」が、『日本書紀』のいうアマテラスと全く同じであった保証はどこにもない、ということなのだ。

この点を頭の片隅において、以下の話を読んでほしい。『日本書紀』神代上第六段正文を紹介する。

イザナキとイザナミがスサノヲの行ないにあきれ果て、乱暴者ゆえ天下に君臨してはならないと、根国に追いやった。ところがスサノヲは、一目姉に逢っておきたいと、天上界に昇ってくる。

スサノヲが天上界に昇る時、大海原は荒れ狂い、山々は鳴り轟いた。アマテラスはスサノヲが荒々しく悪い神であることを知っていたので、警戒した。「スサノヲはこの国を奪おうとしているにちがいない。父母（イザナキとイザナミ）は子供たちにこの世の支配を委譲されて、棲み分けもできているのに、スサノヲは自分の領域から出て来て、天上界を狙っている」と述べ、スサノヲに立ち向かう。

アマテラスは、男性の姿になる。髪を結んで髻《みずら》（男性の髪型）にして厳めしく武装し（男装をし）、大地を踏み抜き、股までめり込ませ、土を蹴散らし、雄叫びをあげ、スサノヲを責めてなじった。するとスサノヲは、邪心はないこと、ただ姉のアマテラスに逢いたかったこと、いつまでも根国で暮らすことを告げた。また、アマテラスが激怒しているとは、夢にも思わなかったと弁明した。

アマテラスは潔白な心を証明してみせるよう命じた。するとスサノヲは、ふたりで誓《う》約《けい》（神意をうかがい、正邪当否を占うこと）をしようと持ちかけた。その誓約の最中子供を生み、スサノヲの生む子が女ならば邪心があり、男が生まれたら潔白だという。

ここから先、話は複雑で厄介なことになって行く。

スサノヲの生んだ神は男か女か

アマテラスは、スサノヲの十握剣《とつかのつるぎ》を求め、三つに折り、天真名《あまのまな》井《い》に濯《すす》ぎ、嚙み砕いて吹き捨てる息の狭《さ》霧《ぎり》に神は生まれた。名付けて田《た》心姫神《ごりひめのかみ》・湍津《たぎつ》姫神《ひめのかみ》・市杵《いちき》島姫神《しまひめのかみ》という。女神、宗像三神《むなかたさんしん》だ。

スサノヲはアマテラスの髻と鬘《かずら》と腕に巻いた八坂瓊《やさかに》の五百箇御統之瓊《いほつみすまるのたま》を求め取り、天真名井に濯ぎ、嚙み砕いて捨てた息の狭霧に神が現れた。生まれた子を名付けて正哉《まさか》吾《あ》勝勝速日天忍穂耳尊《かつかちはやひあまのおしほみみのみこと》（天皇家の祖）といい、次に天穂日命《あまのほひのみこと》（出雲臣《いずものおみ》、土師連《はじのむらじ》の祖）ら計五柱の男神が生まれた。

アマテラスは勅して、「子供たちの物根《ものざね》（根源）をたどると、八坂瓊の五百箇御統之瓊は私の物だ。だから、男神五柱は、わが子である」と仰せられ、育てられた。また勅して「十握剣はスサノヲの物だから、三柱の女神はすべてお前の子だ」と仰せられスサノヲに授けた。

これで、神代上第六段正文の話は終わる。厄介なのは、スサノヲが生んだ子は男神だったが、アマテラスは「それは私の所持品から生まれたから私の子」と主張していることだ。ならば、スサノヲの正義は証明されなかったのだろうか。

『日本書紀』神話の不審な点は、正文のあとに、数多の異伝が「一書に曰く」という形で羅列されていることで、アマテラスとスサノヲの誓約も、違うパターンがいくつも登場している。

たとえば一書第二では、アマテラスとスサノヲが、お互いの所持品を交換した上で、子を生む。アマテラスはスサノヲの持っていた八坂瓊の曲玉から、宗像三女神を生む。スサノヲはアマテラスの剣から正哉吾勝勝速日天忍骨尊《あめのおしほねのみこと》（正哉吾勝勝速日天之忍穂耳尊）ら五柱の男神を生んだ。

一書第一では、「天照大神」ではなく「日神」がスサノヲと対峙していた。この場面で日神はやはり武装している。ただ「男性の髪型にした」と強調していない。これは要注意で、「日神」はもともと男神だった可能性も捨てきれない。

さて、日神はスサノヲが天上界を奪おうとしているのではないかと疑い、やはりスサノヲと誓約を行なう。日神はスサノヲに向かって、

「お前の心が潔白で国を奪うつもりがなければ、お前の生んだ子は男神であろう」

と仰せられ、身に帯びていた剣を食べて子を生んだ。それが宗像三神だった（女神）。スサノヲは自身の首にかけていた五百箇御統之瓊を天渟名井に濯いでこれを食べ、生まれたのが正哉吾勝勝速日天忍骨尊を初めとする五柱の男神だった。

こちらの説話は、スサノヲの所持品からスサノヲの男の子が生まれていて、整合性が

ある。

結局、スサノヲの弁明は認められたが、このあと、スサノヲは天上界で暴れ回り、追放されてしまう。

スサノヲはもとは太陽神だった

前著『スサノヲの正体』（新潮新書）の中で述べたように、本来スサノヲが男性の日神と考えられていたのではないかとする説がある。

『日本書紀』神話は太陽神（日神、大日孁貴、天照大神）の誕生を何回かに分けて語り、別伝を用意しているが、太陽神が生まれたあと、ヒルコ（蛭児）、月神、スサノヲの順番で神々が生まれていくパターンになっている。また、捨てられたヒルコは大日孁貴＝ヒルメと対をなしている。

泉谷康夫は、ヒルコとスサノヲが同一だと考えた（『記紀神話伝承の研究』泉谷康夫　吉川弘文館）。ヒルコが捨てられたのは成長しないからだが、スサノヲは「八握鬚髯」が生えても泣き止まなかった。どちらも「嬰児」で、ヒルコが流された直後にスサノヲが生まれているため、両者は重なって見えると言うのである。

さらに泉谷は、いくつもある似た説話の中で、アマテラスが「日神」と書かれている部分が、古い神話の核であり、

「日神が天照大神となり、この神が素戔嗚尊に代って皇室の祖先神とされるに至った後、話のつじつまを合わせるために潤色せられて出来上がったものと考えられる。物語の複雑さからいっても、このように考える方が自然であろう」

と推理している（前掲書）。

つまり、アマテラスが朝廷の女神で太陽神で皇祖神になる前は、スサノヲがその役目を担っていたというのだ。この推理は、無視できない。

ついでまでに言っておくと、泉谷は、大化改新（六四六）以前の日神信仰は日本海側の太陽信仰を六世紀に継体天皇がヤマトにもちこみ、蘇我氏が担っていたものだという。そして大化改新は宗教改革をともない、中大兄皇子らが穀霊信仰に改めたという。また、天武・持統朝に、新たな日神信仰が成立したという（『日本書紀研究　第二十冊』横田健一編　塙書房）。

ほとんど注目されてこなかった論説だが、このあと述べるスサノヲと蘇我氏の強い結び付きを考えると、この推理は貴重だ。泉谷は蘇我氏が支えた太陽信仰を天之日矛《あめのひぼこ》的と

呼んでいるが、本当はスサノヲ的と言い換えるべきだと思う。スサノヲは「こちらからあちら（新羅や加耶）に行って帰ってきた古代日本海の英雄」であり、天之日矛と重なって見え、蘇我氏の祖の武内宿禰《たけのうちのすくね》と同一であることは、『蘇我氏の正体』の中で詳述した。

さらに、『スサノヲの正体』で触れたように、スサノヲの最初の拠点は出雲の須賀宮《すがのみや》（島根県雲南市）で、「清清《すがすが》しい」から、ここに決めたという。また、クシイナダヒメとの間に生まれた子が「清之湯山主三名狭漏彦八嶋篠《すがのゆやまぬしみなさるひこやしましの》」で、「須賀宮の子だからスガ」の名を冠している。須賀宮は今、須我神社となっているが、奥宮の三つの巨岩から構成されるイワクラは、スサノヲとクシイナダヒメと清之湯山主三名狭漏彦八嶋篠の三柱を祀っている。

この「スガ（清）」が、「ソガ」に音韻変化していく。出雲大社本殿真裏のスサノヲを祀る社は「素鵞社《そがのやしろ》」で、「スガノヤシロ」と読むべきなのに、「ソガノヤシロ」と読んでいる。但馬《たじま》国一宮の粟鹿《あわが》神社では、スサノヲの子を「蘇我能由夜麻奴斯禰那佐牟留比古《そがのゆやまぬしみなさむるひこ》夜斯麻斯奴《やしましぬ》」と書き、「スガ（清）」が「蘇我」に化けている。奈良県橿原《かしはら》市の宗我坐宗《そがにますそ》我都比古《がつひこ》神社の最寄り駅は「真菅《ますが》」で、蘇我氏の地盤が「スガ」と呼ばれている。スサノヲと蘇我氏の結びつきは、出雲の須賀宮から継承されている。くどいようだが、スサノヲの子の「スガ」の末裔が「ソガ」だったことを『日本書紀』は抹殺し、その代わり各地の伝承と祭神が、「蘇我はスガ」と語り継いできたことがはっきりとわかる。

蘇我氏が渡来系の成り上がり者と信じられてきたのは、渡来系のテクノクラートを重用していたことが要因のひとつだが、彼らは古く正統な一族なのだ。『古事記』がせっかく「蘇我氏は建内宿禰《たけのうちのすくね》（武内宿禰）の末裔」と記録しているのに、『日本書紀』が、「蘇我氏の祖の系譜を省略した」ために、いくつもの憶測を生んだだけの話だ。

ちなみに、スサノヲは出雲の神と考えがちだが、正確には「出雲の外からやってきた神」であり、故地はタニハ（山陰地方東部）だろう。弥生時代後期、出雲に挟み撃ちにされたタニハは、近江や東海などとつながり、ヤマト建国をプロデュースしたが、この時タニハは西に向かって圧力をかけ、出雲に迫っていたことが、考古学的に分かっている。スサノヲを祀る須我神社は、出雲にいくつも鎮座するが、古代出雲の中心部を取り囲むように並んでいる点も、無視できない。スサノヲは山陰地方（日本海）の神だが、出雲の神ではない。タニハから出雲をおさえに行った神だ。

天皇はいつから現人神になったか

アマテラスとスサノヲの関係にこだわった理由は、『日本書紀』の編み出した「女神・アマテラス」には、大きな疑念が浮かぶこと。ヤマト建国当時の太陽神は、『日本書紀』の描くようなアマテラスではなかった可能性が高いことを、まず知っていただきたかったからだ。

『日本書紀』自身も、ヤマトの太陽神を、最初は「日神」と書き、大日女《おおひるめ》や大日孁貴《おおひるめのむち》と言い直し、最後に天照大神の名を掲げている。大日女や大日孁貴なら、太陽神そのものではなく、太陽神を祀る巫女《みこ》を意味することになる。

これまで通説は、祀る側の巫女が昇華して、祀られる女神の太陽神になったと説明してきたが、ならば、大日女＝巫女に祀られてきた太陽神はどこに行ったのか、そもそも何者だったのか、その謎解きは未解決のままだ。

つまり、『日本書紀』の神話も揺らいでいるし、アマテラスの謎は、迷宮入りしているわけだ。アマテラスが分からないから、古代史の謎は解けないし、天皇の正体も明らかになっていない。

ここで「天皇」について、脇道にそれて考えておこう。

大山誠一は、日本の史学界がいまだに天皇とは何かを解き明かすことができず、あきらめていると指摘する（原文には「天皇制」とある）。ならば、どうすればよいのか。大山は「天皇がいつから現人神《あらひとがみ》になったのかを見極める」ことが大切で、それは『日本書紀』や『古事記』の神話を読み解くことで可能になること、そして「『記紀』神話ができる以前は天皇は神ではなかった」と指摘した。その上で、藤原氏に注目する。

上山春平は藤原氏が天皇を利用したと推理しているのに対し、大山は「皇室を藤原氏の一部に取り込んでいる」と言い、「皇室は、藤原氏の一部としてしか存在しない。そういうシステムが世上言う天皇制なのである」と断じている（『天孫降臨の夢　藤原不比等のプロジェクト』NHKブックス）。

なるほど、一理ある。たしかに、藤原不比等が編纂した『日本書紀』によって、きわめて政治的な要因によって「女神・アマテラス」は誕生した。ただ、だからといって、この時点で天皇が現人神（現神《あきつかみ》）に仕立て上げられたわけではない。

現人神とは、神が人の姿になって現れることをいっているが、古代史で眺めると、葛城の一言主神《ひとことぬしのかみ》や八幡神《はちまんしん》、さらに、住吉大神が「現人神」とみなされていた。御霊《ごりょう》信仰が盛んになると、祟る神々が、現人神の仲間入りを果たした。

また現人神は、「荒人神《あらひとがみ》」的性格を帯びていったと信じられてきたが、本来多神教の神は「祟る恐ろしい存在＝鬼」なのだから（説明済み）、現人神（荒人神）に限らず、「神聖な者」はみな、恐ろしい鬼のパワーを秘めていたわけで、その中でも頗る恐ろしい者を、現人神と敬い、祀りあげたのだろう。

そう考えると、八世紀に藤原不比等の手によって神話が構築され、現人神としての天皇が出現したという単純な発想をとることはできなくなる。

これから述べていくように、三世紀後半から四世紀にかけてヤマトは建国され、その過程のなかで、すでにヤマトの大王は現人神の要素をもっていたと考えられる。天皇は祟り神であり、祟る神を鎮めるほどのパワーをもっていると信じられていたのだ。そしてここに、「原初のアマテラス」がからんでくるのである。

そこで注目しておきたいのは、三輪山の大物主神とスサノヲと太陽信仰の接点だ。

大物主神とスサノヲの共通点

すでに、このあたりの事情は『スサノヲの正体』で語り尽くしているので、ネタばらしをしておくと、三輪山で祀られる恐ろしい大物主神は、スサノヲと同体だったと、筆者は考える。

根拠はある。まず、大物主神は出雲建国に尽力したあとヤマトにやってきたが、スサノヲは、出雲建国の父でもあり、属性はよく似ている。そして決定的と思うのは、大物主神とスサノヲは、どちらも鬼の中の鬼だったことだ。

すでに説明したように、大物主神の「物」は「鬼」で、大物主神は「大いなる鬼の主の神」だった。大魔王のような存在だ。かたやスサノヲも鬼の中の鬼だ。天上界で大暴れし、アマテラスすら脅え追放されている。スサノヲもまた、ヤマトを代表する鬼であり、恐ろしい神だった。大物主神とスサノヲは、そっくりなのだ。

崇神天皇の時代、大物主神は疫病を蔓延させ、人々を苦しめたが、スサノヲも『備後《びんご》国風土記』逸文に蘇民将来《そみんしょうらい》説話が残され、村人を病気で皆殺しにしたとある（ひとりだけ助けた）。スサノヲは日本を代表する疫神（疫病を振り撒く神）で、だからこそ、これを丁重に祀れば、病気を治す神に変身してくれると人びとは信じた。

京都の八坂神社（京都市東山区祇園町）の周辺で平安時代以降たびたび疫病が蔓延したが、だから祇園の八坂さんで、スサノヲ（牛頭《ごず》天王）を祀ったのだ。鴨川は暴れ川で、一度溢れると京都の街中は水浸しになったし、死体は河原に捨てることも多かったから（風葬）、腐敗した遺骸や汚物が町中に溢れ、あっという間に疫病が蔓延したのだ。人びとは、疫神のスサノヲさんに救いを求めすがった。大物主神もスサノヲも「病の神」だから、病を拡げ、病から人を救う。

そして、ここが大切なところなのだが、大物主神はヤマトの太陽信仰ともつながっていく。大物主神が祀られる三輪山が季節ごとの太陽観測のひとつの起点になっていることはすでに触れてある。

三輪と太陽信仰のつながりは、『日本書紀』にもヒントが隠されている。大物主神の妻（巫女）になった倭迹迹日百襲姫命の悲劇的な話だ。崇神紀に次の記事が載る。

夜しか通ってこない大物主神に「麗しいお顔を拝見したい」と申し出ると、櫛笥《くしげ》に入ってやってきたので、あけてみると美しい小蛇《こおろち》だった。倭迹迹日百襲姫命は驚いて叫び、大物主神は人の姿となり、「恥をかかされた」となじり、三輪山に帰っていった。倭迹迹日百襲姫命は三輪山を仰ぎみて悔いて、ホト（陰部）を箸で突いて亡くなった。

三輪山の大物主神が蛇だったから、大神神社には今でも蛇の好物の生卵が供えられる。また、神（蛇）の巫女（蛇巫《へびふ》）は、神と交わる（観念的に夫婦関係になる）。箸でホトを突いたという話の原型は、蛇としての大物主神との交合と神威（祟る力）に圧倒されたことを暗示している。

民俗学者の吉野裕子は、三輪山のような円錐形の山は蛇がとぐろを巻いた姿だと言い、神蛇を女性（蛇巫）が祀り、交わる様子は、縄文時代から続く日本の原始の祭祀の形態をよく残していると指摘している。

さらに、蛇信仰について付け足すと、蛇が脱皮する姿から、生命の更新と森羅万象の輪廻転生の実相を把握したという。そしてその結果、「天象としては太陽の運行、地象としては植物の枯死再生をもすべて、こもりと顕現のくり返しであると観じ、このくり返しによってはじめて永生と新生が保証される、との認識を得た」とする（『蛇　日本の蛇信仰』講談社学術文庫）。

蛇は目を閉じず、暗闇の中で光り輝く。蛇を「カカ」と呼ぶのは、その輝きと無縁ではなく、雷神とも、太陽神の象徴とも考えられてきたのだ。

大物主神は三輪山の太陽神であり、すでに触れたように、スサノヲもヒルコとヒルメのセットの片割れだった可能性が高く、太陽神の側面を持ち合わせる。ここに、大物主神とスサノヲの接点を見る。どちらも太陽神的性格を秘めていたところに、大きな意味が隠されていると思う。

「伊勢と三輪は一体分身」の意味

次に注目したいのは、大物主神と伊勢の神（アマテラス）とのつながりだ。

大神神社には大物主神（三輪明神）にまつわる不思議な伝承が残されていて、それが、謡曲（能楽）「三輪」になっている。平安時代の高僧・玄賓《げんぴん》は、ある日三輪明神に出会う。地謡（バックコーラス）は、「女姿と三輪の神、女姿と三輪の神」と語り、神が姿を現す。乱れ髪の女神の能面を被り、男の神職が身に付ける風折烏帽子《かざおりえぼし》で、絹の狩衣《かりぎぬ》を裳《も》裾《すそ》の上にかけた格好をしている。そして、神代の昔話（記紀神話か？）は「衆生済度《しゅじょうさいど》の方便」で女姿をしていると言い、三輪の神婚説話や天の岩戸説話を語り、舞う。そして三輪明神は、次のように述べている。

思へば伊勢と三輪の神、思へば伊勢と三輪の神、一体分身の御事《おんこと》、いまさら何と磐座《いわくら》

や

伊勢と三輪の神は、一体分身であり、いまさら改まって述べるまでもないことだ、というのである。

大神神社の神宮寺・平等寺の中興の祖・慶円《けいえん》上人（三輪上人。一一四〇〜一二二三）の教説に、伊勢神宮に祀られる天皇家の祖神のアマテラスと、三輪山の大物主神は一体であり、大日如来が化現《けげん》したものだと言う。神仏習合と本地垂迹《すいじゃく》説が、強い影響を与えたということだろう。密教の最高仏は大日如来で、太陽神的属性を持っている。本地の大日如来が垂迹し、伊勢と三輪の二ヶ所に祀られるようになった……。

この発想は、三輪流神道の神学のひとつでもある（『三輪流神道の研究　大神神社の神仏習合文化』大神神社史料編修委員会編　大神神社社務所）。しかもこの教義の出所は伊勢の外《げ》宮《くう》だという。

平安初期の神道の史料『古語拾遺《こごしゅうい》』によると、外宮を祀ってきた度会《わたらい》氏は、神話の時代にさかのぼると斎部氏と同族であり、斎部氏は海の民で、伊勢にも進出していたと記録されている。さらに、古くは内宮を祀っていたのは度会氏だったが、持統天皇の時代に度会氏は外宮を、荒木田氏（中臣系）が内宮を祀るようになったと証言している。土着の「原伊勢神宮（荒祭宮《あらまつりのみや》）」の祭祀を、度会氏が担当していたのだろう。

そして、中臣神道に批判的な斎部系の度会氏が、「伊勢と三輪は一体分身」と唱えていたとすれば、この「荒唐無稽な発言」も、捨て置けなくなる。

ただし、伊勢のアマテラスは女神で三輪の大物主神は男神だから、この矛盾をどう埋めれば良いのだろう。

『新日本古典文学大系　57　謡曲百番』（西野春雄校注　岩波書店）の頭注に、謡曲「三輪」は、「両性具有的な趣」で、「中世には伊勢と三輪一体説が自然な理解であったらしい」と述べていて、「両性具有」と解釈し、謎に対する回答を怠っている。

『日本古典文学全集　33　謡曲集二』（小山弘志　佐藤喜久雄　佐藤健一郎校注・訳　小学館）の頭注は、「神の性別についてはかなりの混乱があったと考えられる」とお茶を濁している。

しかし、伊勢のアマテラスが男神だった可能性を、まず疑うべきだと思う。

鎌倉時代の僧侶・通海《つうかい》が伊勢神宮参拝を記録した『通海参詣記《さんけいき》』に、伊勢斎宮の斎王（女性）の寝床に、毎朝必ず蛇のウロコが落ちていたという噂話が載る。伊勢の神が夜な夜な通って来るのだという。

伊勢斎宮は天皇の親族の女性（斎王）が伊勢の神を祀るために滞在した宮であり、未婚の皇族が任命され、原則として退任後も、斎王は結婚をしなかった（例外は多いが）。それは、斎王が神の妻になるという観念があったからだ。とすれば、伊勢の神が、男神だったことは、暗黙の了解だったことになる。

アマテラスの性別をめぐる議論

もっとも、これらの例をもって、伊勢のアマテラスが男性だったと考える学者は少ない。特に、女性の学者の中にアマテラスは女性だったと主張する例は少なくない。

国文学者の田中貴子は『聖なる女　斎宮・女神・中将姫』（人文書院）の中で、三輪の大物主神の「性」をめぐる混乱の前提に、中世の神には、男女の性の揺らぎがあったと解釈している。「女神」と信じられているアマテラスも、謡曲の中で男神として登場する例があり、祇園祭の天の岩戸の作り物（山鉾）に現れるアマテラスにヒゲが生えていることから、神々の性は、生物的ではなく、社会的で文化的な性＝ジェンダーにほかならないとする。

田中は、さらに『日本女性史論集　9　性と身体』（総合女性史研究会編　吉川弘文館）の中で、次のように述べている。

天照大神のジェンダーが無性に傾いた結果、場合に応じて女身と男身が使い分けられたと推測される

そして、なぜ中世に至ってこのようなことが起きたのかといえば、絶対至高者たる天照大神と天皇や上皇たち、現世の王を合一しようとしたとき、女性が王に立てない社会構造にあって、アマテラスが女性であることは、矛盾になってきたからではないかとする。

国家の根源であるアマテラスが、女神では都合が悪くなって、社会的、文化的な性差に揺らぎが生じたと推理している。つまり、太古の日本の太陽神は女性だったが、中世に至り混乱が生じたということになる。

ただし、女性の学者の多くが日神＝男神説を認めない点は注意を要する。

平塚らいてうが「元始、女性は実に太陽であった」と高らかに謳いあげたこともあっ

て、「女神・アマテラス」がアイデンティティになってしまったのかもしれない。その気持ちはよく分かるが、古代の女性の地位がすこぶる高かったから太陽神は男性になった、という逆説も考慮に入れる必要がある。

大王の姉妹や親族が神の妻(巫女)となり、神から受けたパワーを大王に放射する。これが「妹《いも》の力」と呼ばれるもので、大王は巫女になった女性の霊的な力で守られる(と、信じられていた)。

そしてもうひとつ、「外戚《がいせき》」が大きな意味を持っていた。古代豪族が天皇の外戚の地位にこだわったのは、母系社会だったからで、大王(天皇)といえども妃の家に通ったのであり、生まれ落ちた子にとって父親は、「たまに家に遊びに来るおじさん」だった。その御子が即位後、何かと頼りにするのは、母方の実家だったし、天皇の姉妹の巫女に降りる神託は、時として実家の意思と要望、あるいは命令でもあったわけだ。

この場合、神が女性であっては、意味が無いのであって、大王の権威も、親族の霊的な力を持った巫女が支えていた。祟る男神をなだめすかすことができたのは、巫女であり、処女でなければならなかったのだ(それがあるべき姿だという話ではなく、そう信じられていたということ)。古代ヤマト政権を支えていたのは、男性の太陽神の妻となる女性の力だった。

こうした観点から、ヤマト政権の太陽神・アマテラスは、男神と考えざるを得ない。『日本書紀』がアマテラスの「性」を入れ替えてしまったがために、混乱が起きてしまったのだと、筆者は考える。さらには中世にいたってアマテラスは、中性的なジェンダーとなり、アマテラスの「性」が揺らいだということでしかないだろう。

内宮の別宮が古墳時代の祭祀場

ただ、謡曲「三輪」の「伊勢と三輪の神が一体分身」という言葉は、謎として残る。三輪の神が男神だったことは間違いなく、また伊勢の神も男神だった可能性が高いとなっても、だからといって伊勢と三輪（アマテラスと大物主神）が同じ神という証言は、いったい何を意味しているのだろう。神のジェンダーばかりに気を取られてきたが、こちらも大問題なのだ。多くの史学者は無視するが、話の出所が大神神社ではなく伊勢外宮であるならば、ここに大きな謎が生まれるのである。

そこで注目したいのは、伊勢神宮（皇大神宮《こうたいじんぐう》）のことだ。

内宮で発掘が進み、新たな知見が示されている。内宮正殿の背後に鎮座する皇大神宮第一の別宮と称される荒祭宮が、古墳時代の祭祀の場だった可能性が高くなり、内宮正殿は、荒祭宮の場所を避けて七世紀末に整備された可能性が高まったのだ（『考古学からみた古代祭祀　1　伊勢神宮の考古学　増補版』穂積裕昌　雄山閣）。

伊勢内宮は、伊勢平野の南端の山際に位置している。ちょうど五十鈴川《いすずがわ》が平野に流れ下る場所だ。大勢の参拝客で賑わう正殿は、五十鈴川からみて少し高台の傾斜地にあり、正殿から小さな谷を挟んで北側に位置するのが荒祭宮で、アマテラスの荒御魂を祀っている。

また、荒祭宮の小川や井戸に囲まれた環境は、古墳時代の祭祀場の特徴と合致し、三輪の大神神社の立地とも、共通点が見出せるという。古墳時代の祭祀遺跡との親和性が高く、つまり、荒祭宮のありようは、伊勢の特殊事情ではなく、古墳時代に国レベルで定まった祭祀様式であり、当時の内宮の祭祀空間の中心的存在にあたるというのだ。

もうひとつ、面白い事実が浮かび上がっている。それは、『続日本紀』文武二年（六九八）十二月二十九日条に、「多気《たけ》大神宮を度会郡に遷す」とあり（当時の度会郡は今の内宮がある場所）、伊勢神宮が今の形に整ったのは、この時ではないかと考えられるようになってきた。事情を説明しておこう。

多気大神宮は、内宮から離れた場所に鎮座する別宮・瀧原宮《たきはらのみや》（三重県度会郡大紀町滝原）のことと考えられており、宮川上流約四〇キロの内陸部に位置する。伊勢神宮の年中行事や伝承を記した『皇太神宮儀式帳』には「大神の遥宮《とおのみや》（伊勢から遠く離れた別宮）」と記され、祭神は天照大神で、御正体は鏡だとある。

『倭姫命世記《やまとひめのみことせいき》』（鎌倉時代中期。伊勢神道の経典のひとつ）に、次の話がある。第十一代垂仁天皇の時代、皇女・倭姫命が伊勢に移る途中、この地で国の名を神に尋ねたところ、「大河の瀧原の国」と答えがあり、倭姫命はこの地に皇大神（アマテラス）を鎮祭しようと宮殿を建てたと記録している。

『続日本紀』が語る伊勢創祀

一般に、伊勢神宮が今日のような姿に整えられたのは「天武・持統朝」のことではないかと考えられてきたが、『続日本紀』の件の記事は、伊勢内宮はもともと瀧原宮（多気大神宮）の場所に鎮座していて、七世紀の末に遷ってきたものだと読める。そもそも「大神宮」と記される神社は伊勢神宮（皇大神宮）だけだからだ。

そして、文武二年といえば、持統天皇が孫に譲位して、太上天皇の地位に立っていたときの話になる。したがって、伊勢神宮が整備されたのは、「天武・持統朝」ではなく、もう少し時代は下って、持統太上天皇の時代（文武朝）だった可能性が出てくる。

筑紫《つくし》申真《のぶざね》は、この記事こそが、伊勢神宮の創祀ではないかと推理しているが、『続日本紀』の件の記事がなぜ注目されてこなかったのだろう。筑紫は面白い指摘をしている（『アマテラスの誕生』講談社学術文庫）。それは、『続日本紀』がはじめて活字化（「朝日新聞社刊本」佐伯有義博士校訂）されるとき、「大神宮」に「寺（厗）」の一文字を付け足してしまったからだという。

「大神宮」と「大神宮寺」では全く意味が変わってしまう。「大神宮」ではなく「大神宮寺」が多気郡から度会郡に遷ったとなれば、神宮寺かあるいは神宮寺の寺務所が遷ってきたと解釈できる。伊勢神宮がそのまま遷ったことにはならない。

佐伯有義は神宮文庫本に依拠して補ったというが、実際には神宮文庫本の諸本には「厗」や「寺」の文字はなく、ただ一冊、本文とは異なる文字で欄外に「厗」とあるだけだったのだ。

当然のことだが、その後出版された『続日本紀』の刊行本に、「大神宮厗」の記事はない。「大神宮」が度会郡に遷されたと書かれている。そして、すでに述べたように、

「大神宮」と呼ばれた神社は伊勢皇大神宮をおいて他にはなく、この記事が、伊勢創祀を示していた可能性が高まってきた。考古学も、これを後押ししている。

太陽神でつながる荒祭宮と葛城山

また、伊勢神宮が今の場所に整備される以前、荒祭宮では、東海地方の土着の神を祀っていたと考えられるようになってきた。

そこで、もうひとつ興味深い仮説を紹介しておこう。史学者や考古学者の研究ではなく、「マイクロ波システムの置局設計と情報工学」を専門とする渋谷茂一が、各地の古墳、社寺、宮跡、山岳などの位置のデータをコンピューターに入力し、電算処理して、それぞれの聖地、聖点が、有機的に結びついてくるのではないかと調べてみたのだ。すると、古墳の位置も、「純幾何学的な位置決定原則に良く合致することを発見した」という（『巨大古墳の聖定』六興出版）。

古墳だけではない。神社や聖地の中には、遠い土地の聖地とつながっている例が多く、偶然とは思えない精度で、「意味づけ」がなされていたことが分かってきた。日本列島に広がった、不思議な聖点を結ぶ幾何学紋様が、いくつも見つかった。東西同緯度の聖地があったり、同距離上にいくつかの聖点がつながっていたり……。

古代人の測量技術は卓越していて、現代の測量技術と遜色ないレベルに達していたことも分かってきた。

たとえば伊勢内宮は、奈良と大阪の境にそびえる葛城山の山頂と、同緯度だった。しかも、特記すべきは、葛城山頂と内宮正殿の間には、やや誤差があるが、荒祭宮はぴったりと同緯度に位置するという。つまり、七世紀末に内宮正殿が整備される以前の、荒祭宮を祀っていた人びとが、葛城山を重視していたことになる。

もうひとつ、これに関連して興味深いのは、伊勢斎宮が西の檜原神社（大神神社の摂社）と同緯度だったことだ。

崇神天皇が宮中からアマテラスを放逐したとき、最初にアマテラスが遷されたのが檜原神社だった可能性が高い。人工的な社殿がほぼないのに聖地として守られてきたのは、この場所がピンポイントで重要な意味を持っていたからだろう。実はここは、春分と秋分の日に、西方の二上山のやや北側に位置する穴虫峠に、日が落ちるのが見える場所だった。伊勢斎宮→檜原神社→二上山（穴虫峠）へと続く太陽の道である。

ヤマトの王は親族の未婚女性を斎宮に送り込み斎王に立て、太陽神を祀り、斎王は神からもらい受けたパワーを真西の檜原神社に送り、ヤマトの王を護ったのだろう（妹の力のラインでもある）。持統太上天皇が伊勢神宮を整える前に、ヤマト政権の太陽信仰のひとつのカラクリ（斎宮→檜原神社のライン）が完成（完結）していたことがわかる。

ちなみに、伊勢斎宮は天武天皇の肝いりで作られた可能性が高い。壬申の乱を制して即位した天武天皇は、娘で大津皇子の姉の大来皇女を斎王に立てて、斎宮に据えた。それ以前にも斎王の記事は『日本書紀』に記されているが、実際に斎宮が整えられていたわけではなさそうだ。

敏達《びだつ》天皇は訳語田幸玉宮《おさだのさきたまのみや》（桜井市）に住まわれたが、『日本書紀』敏達六年（五七七）条に、その他田《おさだ》に日祀部《ひまつりべ》が置かれたと記されている。ここで皇女たちが、日神を祀っていた。今でも式内社の他田坐《にます》天照御魂《みたま》神社（桜井市太田）が鎮座している。『日本書紀』は第十一代垂仁天皇の時代にアマテラスは伊勢に遷してしまったと言うが、六世紀のヤマト政権は、まだ天皇の宮か近くで太陽神を祀っていた可能性が高い。

考古学も、斎宮のもっとも古い遺構が七世紀後半のものだったことを明らかにしている。天武天皇が斎宮とヤマトを結ぶ太陽の道を構築していたことになる。とすれば、内宮（皇大神宮）は、必要なかったはずである。

日本書紀が語る伊勢と東国

ここで改めて、伊勢のアマテラスは、本当はいつヤマトから放逐され、伊勢に祀られるようになったのか、その経緯を再確認しておきたい。

すでに触れたように、『日本書紀』は次のように説明する。第十代崇神天皇の時代、宮中で祀られていたアマテラスと日本大国魂神は、神威が恐ろしいからと、宮から追い出されてしまった。ただ、しばらくヤマトに留まっていた。第十一代垂仁天皇の時代に、アマテラスは東に移動し、伊勢で祀られるようになったと言う。

しかし、伊勢斎宮が七世紀後半に整備されたことが分かり、伊勢内宮の正殿よりも荒祭宮が先に存在していたこと、こちらはヤマトのアマテラスではなく、伊勢湾沿岸部の土着の信仰にかかわっていた可能性が高いことが分かってきた。

もはや、ヤマト黎明期に伊勢にアマテラスが遷し祀られたという『日本書紀』の記事は、信用できない状態になっている。直木孝次郎も、天皇家の氏の神であるアマテラスが、理由なくしてヤマトの地を離れる必要はないこと、東方の伊勢の地がヤマト政権の勢力圏に入り、重要視される時代になって、アマテラスは伊勢に遷されたと指摘している（『直木孝次郎古代を語る　4　伊勢神宮と古代の神々』吉川弘文館）。

ヤマト政権の支配力が東漸していったという発想は受け入れることはできないが、天皇の氏の神云々に関しては、同意できる。

五世紀後半の雄略天皇の時代に、伊勢祭祀は始まったのではないかとする仮説も現れたし、有力視されても来た。しかし、考古学の発展が、この考えを否定しているように思えてならない。

もうひとつ問題なのは、『日本書紀』が、三関《さんげん》の東に位置する伊勢の地を、神聖視していたわけではないことなのだ。三関とは、伊勢国鈴鹿（三重県亀山市）・美濃国不破（関ヶ原）・越前国愛発《あらち》（福井県敦賀市南部の旧愛発村と滋賀県高島市マキノ町との境にある有《あら》乳山《ちやま》付近）のことだ。古代の「関東（関所の東）」は、三関の東側を指していた。

『日本書紀』編纂後の藤原政権は、東国を忌みきらっていた気配がある。天智天皇や中臣（藤原）鎌足の政敵だった大海人皇子が三関を越えて東に逃れ、尾張氏らの加勢を得て近江朝を一気に滅ぼしている（壬申の乱）。

藤原氏の政敵は、東国と強く結ばれていたのだから、三関の東に位置する伊勢の地を、本気で「聖地」と崇めていただろうか。少なくとも、八世紀以降、長い間天皇は伊勢神宮に行幸されていない。見て見ぬ振りをするように避けていた。都で不穏な空気が流れると、朝廷は三関を固く閉め（三関固守）、謀反人が東国に逃れられないように取り締まっている。藤原政権には、壬申の乱というトラウマがあった。

海に沈んだサルタヒコ

ここで注目しておきたいのは、サルタヒコ（猨田彦大神《さるたひこのおおかみ》）のことだ。天孫降臨神話（第九段一書第一）の中で、ニニギが天八達之衢《あまのやちまた》（天上界の道の分岐点）にさしかかったとき、国つ神のサルタヒコが登場し、ニニギを地上界に導くが、そのあとサルタヒコは伊勢の五十鈴川の川上に向かう。

アマテラスが祀られたのも五十鈴川の川上だが、サルタヒコも、太陽神の性格をもっている。鼻が長く（七咫《ななあた》）、口と尻が照っていて、目は八咫鏡《やたのかがみ》のように輝いていた。長い鼻は陽根のイメージで、中国では赤い尻のサルは太陽神の使者と考えられていた。光る目は蛇のイメージだが、原始の蛇信仰と太陽の関係は、すでに述べてある。

『古事記』に、次の話が載る。サルタビコが阿耶訶《あざか》（三重県松阪市）にいたとき、漁をしていて比良夫《ひらぶ》貝に手を挟まれてそのまま海に沈み、底に沈んだ時の名は底度久御魂《そこどくみたま》、海水が泡だった時の名は都夫多都御魂《つぶたつみたま》、泡がはじけた時の名は、阿和佐久御魂《あわさくみたま》という……とある。サルタビコがこのあとどうなったのか、『古事記』は何も語らないが、海の底に消えたと解釈すべきだろう。貝につかまって海の底に沈んで、泡がぶくぶく（息を吐いた）して、その次に泡が消えた（呼吸が止まった）わけだ。

天孫降臨を助けた功臣（神）のサルタビコだったが、伊勢湾沿岸部で無残な最期を遂げてしまっている。通説は、一種の服属儀礼だというが、本当だろうか。

『伊勢国風土記』逸文には伊勢津彦《いせつひこ》が登場する。神武天皇は、東方の国を平定しようと考えた。使者を遣わし、土着の伊勢津彦に、国を献上するよう命じたが断られた。そこで兵を差し向けると、恭順してきた。そして、嵐の夜なのに「光耀くこと日の如く」状態の中、波に乗って東に去って行ったと言う。この様子、サルタヒコとよく似ている。伊勢の土着の太陽神を祀る者たちが、敗れたということだろう。伊勢の地は、まつろわぬ者たちの住処だったのではないか。

ところで、サルタヒコが海に沈んだ「アザカ」には阿射加《あざか》神社が鎮座する。主祭神は猿田彦大神で、式内社であり、しかも旧伊勢国で大社とされてきたのは多度《たど》神社と阿射加神社であり（皇大神宮を除く）、深く敬われてきたことが分かる。また、『皇太神宮儀式帳』や『倭姫命世記』には、阿佐鹿には悪神がいたと記されている。この荒ぶる神のおかげで、倭姫命はなかなか五十鈴川の上流に入れなかったという。何やらいわく付きの神社ではないか。

興味深いのは、この周辺に古墳が少なく、少し離れた北側には前期の「前方後方墳群」が存在することだ。神社周辺は古墳分布の空白地帯になっているが、穂積裕昌は、天理市の石上神宮や桜井市の大神神社も、同じように古墳の空白地帯に鎮座していると指摘している。それは、大切な聖地に埋葬施設を造ることをためらったからであり、阿射加神社の神体山と目される三輪山と似たような山容を誇るアザカ山（阿坂山）が伊勢神宮成立以前の伊勢において、「地域の信仰を受けた山であった可能性が高い」と推理し、伊勢津彦の話にも通じていて、土着の前方後方墳勢力による太陽信仰を想定すべきだという（前掲『伊勢神宮の考古学』）。

伊勢には以前から別の神がいたのである。やはり、伊勢神宮が今日の形に整ったのは、それほど古い時代とは思えなくなってくる。

封印されたヤマトの太陽神

上山春平は、律令整備とアマテラスの存在は深く関わっていると指摘している。アマテラスが三輪山麓（第十代崇神天皇の宮）から伊勢に遷されたとあるのは、大化改新によって「神祇革命」が起き、豪族の中の中心的存在だった（一豪族にすぎなかった）大王が、国家の頂点に君臨する律令制の天皇に生まれかわり、アマテラスも公的な国家最高神に生まれかわったからだと推理した（前掲『続・神々の体系』）。

しかし、七世紀の制度史の移り変わりだけで、アマテラスの真実を解明出来るとは思えない。すでに述べたように、伊勢神宮が今日の形に整えられた時期を、考古学は七世紀後半と言い、一般には「天武・持統朝のこと」と信じられてきた。一方『続日本紀』には、七世紀末の文武朝に大神宮（皇大神宮）が現在地に遷ってきたとあった。持統太上天皇が後見人として、実権を握っていた時代だ。

持統太上天皇と藤原不比等がアマテラスを祀る「装置」を、なぜ都から観て東方に建てる必要があったのか、その真意は解明できていない。律令整備と伊勢神宮祭祀に、どういうつながりがあるのか、あるいは、律令整備だけが伊勢創祀の理由なのか、それもはっきりとしない。国家を代表する神にのし上がったからと言って、なぜアマテラスを伊勢で祀る必要があったのだろう。ヤマトで祀ってもよかったのではないか。

分かってきたことは、伊勢創祀が、持統や藤原不比等の強い意志によって行なわれていた可能性が高かったということなのだ。

こうなってくると、なぜ『日本書紀』は、ヤマト黎明期にアマテラスが伊勢に遷されたという設定を必要としたのか、その真意を知りたくなってくる。

そこで改めて、七世紀のアマテラスに焦点を当ててみると、意外な事実が見えてくる。

持統六年（六九二）二月と言うから、高市皇子存命中のことだ。持統天皇は「三月に伊勢に行幸する」と言いだした。すると中納言・三輪《みわの》朝臣《あそみ》高市《たけち》麻呂《まろ》が上表して、農事の妨げになると、諫めた。三月になると三輪朝臣高市麻呂は「冠を脱いで」職を賭してふたたび諫めた。しかし持統天皇は諫言を無視して、東に向かった。

持統天皇は何を目論んでいたのだろう。なぜ、三輪朝臣高市麻呂は猛烈に抗議したのか。

すでに指摘したように、持統天皇はそれまで、異常な回数の吉野行幸をくり返してきた。農作業の繁忙期でもかまわず吉野に向かった。そのときは三輪朝臣高市麻呂は反対していない。それにもかかわらず、なぜ伊勢行幸はダメだったのだろう。

三輪朝臣は大神神社の大物主神の末裔で、大物主神を祀ってきた氏族で、本当なら伊勢とは何のかかわりもないはずだ。

ここで気になることを書き留めておこう。

『皇太神宮儀式帳』には、アマテラスは美和の御諸宮《みもろのみや》（ヤマトの三輪の宮）から伊勢に遷されたとあり、『倭姫命世記』には、三輪山山頂の倭弥和《やまとのみわ》乃《の》御《み》室嶺上宮《むろみねうえのみや》から伊勢に遷されたとある。どちらも「伊勢の神は最初三輪で祀られていた」ことを強調している。これは無視できない。

三輪朝臣高市麻呂が持統天皇の伊勢行幸に猛烈に反発したのは、七世紀末以降伊勢で祀られている神が、実際には『日本書紀』のいう天照大神ではなく、「三輪の大物主神」だったからではないか。持統天皇は自身が「アマテラス」になる一方で、本来のヤマトの太陽神だった三輪の大物主神を、この時、伊勢に捨ててしまおうと考え、だからこそ三輪朝臣高市麻呂は、猛烈に抗議したのではあるまいか。

そして、サルタヒコが受けた仕打ち同様、ヤマトの太陽神・大物主神は、封印され、死に体となったのではなかったか。この仮説を明確にすることはできるだろうか。

第三章　ヤマト建国と尾張氏をめぐる謎を解く

大国魂神という古代史の盲点

「三輪のアマテラス」の謎を解くには、ヤマト建国黎明期の王家の不可解な行動の真意を解き明かす必要がある。実在の初代王・崇神天皇は、なぜ、アマテラスと日本《やまとの》（倭）大国魂神《おおくにたまのかみ》を三輪山麓の宮で祀《まつ》り、また、神威を恐れ、放逐したのか。そして、なぜそのような神話じみた設定を、八世紀の『日本書紀』は示さなければならなかったのだろう。

さらに、これまでほとんど注目されてこなかった日本大国魂神が、じつに怪しい。古代史最大の盲点だったのではないかと思えてくる。アマテラスの正体を明確にするためには、日本大国魂神の正体を明かす必要がある。

すでに説明したように、崇神天皇はアマテラスを豊鍬入姫命《とよすきいりひめのみこと》に、日本大国魂神を渟《ぬ》名城入姫命《なきいりひめのみこと》に託し（憑依させ）て、宮から外に出し、祀らせたが、日本大国魂神が憑依した渟名城入姫命は髪の毛が抜け落ち、体がやせて、祀ることができなくなってしまった。

『日本書紀』は、アマテラスよりも、日本大国魂神の方が、祟る力が大きかったと言っているわけだ。

垂仁二十五年三月条でも、アマテラスが伊勢に祀られた記事があり、その異伝に、大倭《やまとの》大神《おおかみ》（日本大国魂神）が穂積臣《ほづみのおみ》（物部系）の遠祖に憑依し、次の言葉を告げたとある。

「天地開闢《かいびゃく》の直前の物事の始まりの時、約束して、アマテラスは天上界を、皇御孫尊《すめみまのみこと》（代代の天皇）は葦原中国《あしはらのなかつくに》の天神地祇《てんじんちぎ》を、私（大倭大神）は自ら大地官《おおつちつかさ》（国を守る主）を治めるよう仰せられた。これはすでに決まったことだ。しかし先帝の崇神天皇は、天神地祇を祀られたが、根源までは探らず、枝葉のところでやめてしまったために、短命だった。だからあなた（垂仁天皇）は、同じ轍を踏まず、謹み祀られれば、あなたは長寿となり、天下は太平となるだろう」

こうして垂仁天皇は、大倭大神を祀らせたが、渟名城稚姫命《ぬなきわかひめのみこと》は痩せて衰弱し、祀ることができなかった……。

日本大国魂神（大倭大神）は、ヤマトの恐ろしい神で、その威力は計り知れない。何者なのだ？

これまでアマテラスにばかり視線が集まり、日本大国魂神を見落としてきたのではなかったか。ここにアマテラスやヤマトの王の秘密も隠されていたのではないかと思えてならない。

日本大国魂神とは、いったい何者なのだろう。『日本書紀』は、この神について、ほとんど情報を記録していない。素姓が明らかでないのに、黎明期の王家が震え上がったのは奇妙だ。それがかえって不自然ではないか。恐ろしいのなら、何かしらの理由があったはずだ。

日本大国魂神は、大和《おおやまと》神社（奈良県天理市）で祀られる。元々は東側に鎮座していたようで、長岳寺《ちょうがくじ》が大和神社の神宮寺だった。

ちなみに、戦艦大和は、大和神社の祭神を勧請している。この「大和」は、日本全体を指すのではなく、旧大和国（奈良県）のことで、日本大国魂神は、旧大和国の地主神だ。

なぜヤマトの地元の神が、ヤマトの王家に恐れられたのだろう。なぜ祀る巫女《みこ》は、衰弱してしまったのだろう。なぜアマテラスと並んで祀られていたのか、そんなに大切な神なら、なぜ神話に登場しなかったのだろう。そして、日本大国魂神を探ることで、アマテラスの正体に近づくことができるのではあるまいか。

大和神社を祀っていたのは、倭国造《やまとのくにのみやつこ》の倭直《やまとのあたい》だ（「直」はカバネ）。ほとんど知られていないが、この一族が、ヤマト建国の重大な秘密を握っていたことが、次第に明らかになっていく（実在の初代王・崇神天皇が恐れた神を祀っていた一族だったことを、忘れてはならない）。

倭直の祖は、神武東征説話に登場する。

『古事記』には、次の説話が載る。神武が吉備からヤマトに向かうとき、亀の甲羅に乗り、釣りをしながら羽ばたく人が、速吸門《はやすいのと》（明石海峡）に現れた。「国神《くにつかみ》でよく海の道を知っている」「つかえる」というので、竿を渡して船の中に引き入れた。そこで「槁根《さおね》津日子《つひこ》」の名を下賜した。倭国造等の祖だとある。

『日本書紀』の話は少し違う。神武は速吸之門《はやすいのと》（豊予海峡）で舟に乗った漁人《あま》に出逢う。名を問うと「国神の珍彦《うづひこ》」と言った。釣りを生業にしているが、天神《あまつかみ》の子がいらっしゃると知り、迎えにやってきたという。「お前は私を導くか」と尋ねると、「先導いたしましょう」というので、椎竿をわたして神武の皇舟《みふね》に引き入れ、海導者とし、椎根津彦《しいねつひこ》の名を下賜した。

平安時代初期に成立した古代氏族名鑑『新撰姓氏録《しんせんしょうじろく》』に、神知津彦命《かみしりつひこのみこと》(椎根津彦)の末裔の倭太《わた》なる氏族が登場する。この「倭太」は、「和田」で「わた」は「わたつみ」の「わた」=海を意味している。

ここでひとつ言えることは、内陸部のヤマトの国造でありながら、倭直は海の民だったことだ。ここにも大きな謎が隠されている。

神武東征の功労者・椎根津彦

日本大国魂神を祀っていた倭直、倭国造の正体を明かすことはできるだろうか。もう少し、『日本書紀』に記されたその後の椎根津彦の活躍を追ってみよう。

神武が菟田からヤマトに入るに際し、国(ヤマト)の様子をうかがうと、敵の軍勢が群がっていた。神武は憎み、その夜、自ら祈誓《うけい》を立てて寝た。すると天神が教えて言うには、「天香山《あまのかぐやま》の土を採って天平瓮《あまのひらか》八十枚を造り、天神地祇を祀り、呪詛すれば、敵は自ずと帰服するだろう」という。

椎根津彦に破れた衣と蓑笠を着せて老父の姿にしてさし向けた。椎根津彦は祈誓を立てて、

「わが天皇が本当にこの国を治められるなら、行く道は開けるだろう。それが不可能なら、賊に阻止されるだろう」

こういって敵の真っ只中を突っ切った。敵兵はみな、みすぼらしい格好を観て大笑いし、道をあけた。こうして埴土《はにつち》を使い、丹生川《にゅうがわ》の上流（菟田川）で、天神地祇を祀った。神武は菟田川で八十平瓮と天手抉《あまのたくじり》八十枚（丸い祭祀土器）を用いて潔斎をし、敵を呪った。八十平瓮で水を用いずに飴《たがね》（スイトンのようなもの）を造り（普通はできない）、厳瓮《いっへ》（土器）を沈めて、魚が酔って流れたら、国を治めることができるという。魚がすべて浮き上がった様子を、椎根津彦は奏上した。

強敵・兄磯城《えしき》を討つ計略を椎根津彦が立てた。まず、女軍《めいくさ》をさし向け、忍坂《おさか》の道（奈良県桜井市忍阪《おっさか》）から攻撃させ、兄磯城の軍勢がそちらに向かうところを見はからい、「私は主力軍を率いて墨坂（奈良県宇陀市榛原、ヤマトと伊勢を結ぶ要衝）に出陣し、不意打ちにしましょう」と、奏上した。神武はこの策を採った。こうして、神武天皇はヤマトに乗り込むことができた。

神武二年二月、論功行賞が行なわれ、道臣命《みちのおみのみこと》（大伴氏の祖）や頭八咫烏《やたのからす》らに褒美を与え、珍彦（椎根津彦）は倭国造に任命された。

これで椎根津彦の活躍は終わる。そして椎根津彦は倭直部（倭国造）の祖だと記録されている。

椎根津彦は神武をヤマトに導き、天香具山祭祀では、主役級の活躍をした。『日本書紀』は神武が神の力を借りてヤマトの強敵を打ち払ったと言い、その過程で、椎根津彦が大活躍をしていた。だから、その功績を称えられ、ヤマトの国造になったわけだ。

ちなみに、国造が制度として整ったのは、思いのほか新しく、六世紀ごろではないかと考えられるようになったから、『日本書紀』の記事を鵜呑みにすることはできない。ただ、ヤマト黎明期から椎根津彦は神武天皇の周辺で活躍していたと思われ、さらに、六世紀の段階でも、ヤマト政権揺籃の地で影響力を持ち続けていたことが分かる。

ちなみに、神武東征そのものも、架空の物語と切り捨てられてしまっているし、椎根津彦の説話もおとぎ話のようで、歴史として扱うべきかと疑念を持たれるかもしれない。

しかし、ヤマト建国の様子を考古学が克明に再現してしまった今、『日本書紀』が何を隠し、何を記録していたか、明らかになってきた。そして、荒唐無稽と思われてきた神武東征も考古学の示すヤマト建国と合致してくる。

その「ヤマト建国の考古学」のあらましはこのあと紹介するが、椎根津彦の正体も、考古学と『日本書紀』の記事と、各地の伝承によって、明確にできると思う。

大国魂神と東海の海人の関係

日本大国魂神と椎根津彦の正体を明かしていこう。

門脇禎二は、ヤマトの地主神が日本大国魂神で、アマテラスは天から降りてきた神であり、土着の神と外来の神を、ヤマト政権は一緒に宮で祀ろうとしたが、並び立たなかったと指摘した（『古代日本の「地域王国」と「ヤマト王国」上』学生社）。同じ場所で祀ったことで、二柱の神は怒ったと解釈している。しかしそれなら、アマテラスを宮に残し、日本大国魂神を別の場所で祀れば良かったわけで、両方の神を放逐した意味が分からなくなる。やはり、日本（倭）大国魂神が何か秘密を握っている。

森浩一は、考古学者の立場で、一連の謎に迫っている。まず、日本大国魂神と尾張や東海のつながりに注目している。日本大国魂神の祭祀を命じられた渟名城入姫命の母が尾張系だったことがひとつ。さらに「前方後方墳」は東海地方に濃厚に分布しているが、倭直のお膝元の大和古墳群に五基も「前方後方墳」が造られていたことを重視し、日本大国魂神や倭直と東海に、接点があると推理した（『日本神話の考古学』朝日新聞社）。慧眼といって良い。このあと、たしかに日本大国魂神と東海はつながっていくからだ。

海人と前方後方墳と東海地方は、要注意だ。

初期の前方後方墳文化圏に含まれる地域である岐阜県大垣市。木曽《きそ》三川《さんせん》のひとつ揖斐《いび》川の西側に位置する同市内の荒尾南遺跡（二〇一〇年から発掘調査）の方形周溝墓の溝からみつかった弥生後期の壺に、海人の痕跡があった。八十二本の櫂で漕ぐ、想像を絶する大型船の線刻画が刻まれていたのだ。旗が靡き、船のスピードを表現している。

前方後方墳はヤマトで初期型の前方後円墳が生まれるほぼ同時期に（少し早い可能性がある）近江で生まれ、関ヶ原を越えて東海地方に伝播している。その通過点が大垣市で、この一帯から濃尾平野にかけて、巨大河川が南北に走り伊勢湾に流れこみ、水運を利用して発展していた。だからこそ、内陸部の大垣市に、海人が拠点を構えていたわけだ。

森浩一は、天理市の大和古墳群にある東殿塚古墳の墳丘の裾から出土した円筒埴輪に描かれた三隻の船の線刻について「さすが倭直氏の地域だ」と感想を漏らしている（『記紀の考古学』朝日新聞社）。倭直と海人と東海をつないだ発想は、見事としか言いようがない。亀に乗って釣り竿をかついだ「浦島モドキ」が神武を迎えに来たのが、倭直の祖だったことを、忘れてはならない。

それにしても、なぜ神武東征に東海地方とつながりのある人物がからんでくるのか、不思議に思われるかもしれない。しかし、ヤマト建国の直前（三世紀初頭）にヤマトの纏向《まきむく》（桜井市）に集まってきた外来系の土器は、東海系が約半数を占めていた。ヤマト建国の考古学は、東海系の活躍を示している。このあと触れるように、『日本書紀』は東海地方の実力を知っていたからこそ、事実をねじ曲げ、隠蔽している。だからこそ、謎に満ちた日本大国魂神と倭直や東海地方のヤマト建国時の動きから、目が離せないのだ。

ヤマト建国の考古学

『日本書紀』は椎根津彦を国神と記すだけで、その出自がはっきりしない。正体の定かでない椎根津彦が、ひょっこり神武の前に現れ、瀬戸内海の海人だったのに、倭（大和）国造に抜擢された。しかも、素姓の定かではない日本大国魂神を祀っていたのはなぜだ。

ここでしばらく、ヤマト建国の考古学のあらましを紹介しておこうと思う。

ヤマト建国について、『日本書紀』は次のように説明する。

アマテラスの孫のニニギが日向の地に天孫降臨し、ニニギの曾孫の神武（神日本磐余彦尊《かむやまといわれびこのみこと》）が「東（ヤマト）に国の中心とするにふさわしい土地がある」ことを知り、ヤマトを目指す。ヤマトにはすでにニギハヤヒが天磐船《あまのいわふね》に乗って降臨していた。ニギハヤヒは先住のナガスネビコの妹を娶り、君臨していた。神武がヤマトに近づくと、ナガスネビコは抵抗し、ニギハヤヒはナガスネビコを殺して、神武を迎え入れた。神武は畝傍山《うねび》麓に宮を建て（奈良県橿原市）、即位した――。

これがヤマト建国説話だ。ただし通説は、実在の初代王は第十代崇神天皇と考えている。また、神武と崇神が同一人物だった可能性も指摘されている。

これに対して考古学は、次のようなヤマト建国のストーリーを描いている。私見も交えて、概略を述べておく（詳細は『神武天皇vs.卑弥呼　ヤマト建国を推理する』新潮新書）。

弥生時代後期、日本列島でもっとも栄えていたのは北部九州だった。朝鮮半島にもっとも近く、壱岐、対馬という海人にとって格好の止まり木があったから、鉄や先進の文物を手に入れることができた。その北部九州と手を組み、鉄を仕入れ、強い王が生まれだしていた。出雲では、四隅《よすみ》突出型墳丘墓が造られ、日本海づたいに東に伝播していった。瀬戸内海の吉備も富を蓄え、強い王が生まれていたようだ。のちにヤマトにもたらされる前方後円墳の原型となる楯築《たてつき》弥生墳丘墓（岡山県倉敷市）と特殊器台・壺が誕生していた。

この時代の近畿地方南部は、鉄の過疎地帯で、強い王も生まれていなかった。ところが、三世紀初頭、三輪山麓の扇状地に突然各地から人びとが集まりはじめ、宗教と政治に特化した集落が形成された。これが、纒向遺跡だ。各地の埋葬文化が寄せ集められ、前方後円墳が出現し、これが各地に伝播している。こうして、三世紀後半から四世紀にかけて、ヤマトは建国された。

纒向遺跡で見つかった外来系の土器の割合は、東海四九％、山陰・北陸一七％、河内一〇％、吉備七％、関東五％、近江五％、西部瀬戸内三％、播磨三％、紀伊一％になっている。東海系の数が突出していて、逆に吉備が極端に少ないが、ヤマト建国にもっとも貢献したのは吉備と考えられている。ヤマトに吉備からもたらされた土器は、古墳の上に並べる特殊器台・壺だったためだ。

なぜ前代未聞の都市・纏向は突然出現したのだろう。鍵を握っていたのは山陰地方東部のタニハ（但馬、丹波、丹後、若狭）だと思う。

弥生時代後期、出雲が東に向けて四隅突出型墳丘墓を伝えていく中、タニハはこれを拒み、独自の方形台状墓を造っている。出雲は越（北陸地方）に四隅突出型墳丘墓を伝え、タニハを挟み打ちにしたが、タニハはひるむことなく、近江や東海と手を結んだ気配がある。文物の交流によって近江や東海はめきめきと力をつけ、前方後方墳が生まれた。タニハの方形台状墓の影響を受けたようだ。そして、東海勢力が奈良盆地の東南側（おおやまと）にいち早く進出した。

奈良盆地は西側からの攻撃に頗る強い。生駒・葛城山系が天然の城塞を形成している。すでに縄文時代に、稲作の東漸を縄文人たちがここで阻止しようと呪術を執り行なっていた（橿原市の橿原遺跡）。奈良盆地は地政学的に見て、「西側に突き出た東」であり、東の勢力に奈良盆地を占領されると、西側はなかなか手を出せなくなる。

大きくまとめると、東海勢力がヤマトに乗り込んだことで、吉備と出雲が、乗り遅れまいと、ヤマト政権の誕生に手を貸したわけだ。

ヤマトに人びとが集まると、タニハは北部九州から朝鮮半島へとつながる安全な航路を求めて、新興ヤマト勢力とともに、北部九州に進出した。奴国《なこく》（福岡県福岡市と周辺）では、東から流れこんだ大量の土器がみつかっている。北部九州の強い王が東に遷ってヤマトを征服したというかつての常識を、考古学は覆してしまったのだ。

日本海と東海はなぜ没落したか

ただし、このあとしばらくしてアクシデントがあったようで、北部九州から山陰地方にかけての地域（日本海）が、急速に没落してしまう。そして、吉備と瀬戸内海がひとり勝ちのような状態になる。

東海地方も、精彩を欠いていく。三世紀に「東の前方後方墳」「西の前方後円墳」の棲み分けが生まれつつあったが、前方後方墳は各地の王（首長）に採用されなくなり、前方後円墳の時代に入っていく。吉備で原型の誕生した前方後円墳が、一気に各地に伝播し、埋葬文化を共有するネットワークが構築された（古墳時代）。

ちなみに、『日本書紀』のヤマト建国物語に登場するニギハヤヒの末裔は物部氏で、物部氏の拠点は河内だった。だからニギハヤヒは吉備からやってきて、河内を根城にして、ヤマト政権の主導権を握ったのだろう。六世紀末、河内の物部守屋は蘇我馬子に滅ぼされるが、物部守屋の没落とほぼ同時に前方後円墳が消えて行くのは、偶然ではない。古墳時代の主導権を握っていたのは吉備（物部氏）だ。

また、物部氏と対立した蘇我氏は日本海のタニハ出身であろう。すでに触れたように、スサノヲの末裔が蘇我氏であり、スサノヲは日本海のタニハの王だ。六世紀初頭に越から継体天皇が連れて来られ、ここから蘇我氏が急速に台頭する。そして物部氏と覇権争いを演じていく。これはヤマト建国から続く瀬戸内海の物部氏と日本海の蘇我氏の政争、主導権争いと読み解くことが可能だ。

問題はナガスネビコだ。ニギハヤヒがヤマトに入ったとき、すでにナガスネビコが君臨していたといい、ナガスネビコはヤマトの土着の勢力と考えられている。しかし、彼は東海出身ではなかったか。

纒向の外来系土器の内、東海系が半数近くを占めているのに、ヤマト建国と東海地方の活躍は、ほとんど注目されていない。その理由は三つある。一つは東海系の土器が生活に用いるものであったこと。第二に、これまで「東」は、文化と富が劣っていたと信じられ、一段低く見られていたこと。そして第三に、邪馬台国畿内説が有望視されはじめたことがある。纏向遺跡が邪馬台国と考えられるようになって、「北部九州から南に向かうと邪馬台国がある」という「魏志倭人伝《ぎしわじんでん》」の記事は「東に進むと」と解釈された。そして、「魏志倭人伝」には、邪馬台国の卑弥呼が南側の狗奴国《くなこく》と戦闘中に亡くなったと記されている。この狗奴国は「邪馬台国の南」にあるが、「南は東」なのだから、「狗奴国は邪馬台国の東」と解釈しなければならず、邪馬台国（ヤマト）から見て東側の東海地方が敵国の狗奴国ではないかと疑われてしまったのである。

いずれにせよ、「東は発展途上」とみなされていたのだ。ただこの常識も、次第に改められつつある。

もうひとつ確認しておきたいのは、天孫降臨と神武東征のことだ。これまで、まったくの絵空事と信じられてきたが、発想を逆転してみれば、面白い図式が見えてくる。果たして、王家は勝者として日向に舞い下りたのだろうか。勝者なら、北部九州からヤマトに向かっただろう。しかし、なぜか、南部九州の日向からヤマトに向かい、しかもヤマトの王はその後、祭司王となって、実権を持っていなかった。彼らは北部九州で敗れて南部九州に逃れ、のちにヤマトに呼び出されたのではなかったか。

そう考える理由のひとつが、奴国の滅亡なのだ。三世紀にヤマト勢力が奴国に流入して繁栄したが、その後しばらくして一帯が一気に衰退していたことが考古学的に確かめられている。「漢委奴国王《かんのわのなのこくおう》」と刻まれた金印が志賀島《しかのしま》（福岡市）でみつかったのも、奴国の貴種たちが逃亡するときあわてて埋めていったのだろうと考えられている。

奴国にはヤマトや山陰、東海などから詰めかけた人びとが共に暮らしていたわけで、彼らもともに、落ち延びていったはずだ。それが、天孫降臨であり、奴国の海人のネットワークは、貴種たちを南方の笠狭碕《かささのみさき》（鹿児島県南さつま市笠沙町の野間岬）に導いたのだろう（詳細は『神武天皇vs.卑弥呼』）。

日本書紀が無視する「東海」と「尾張」

ここまで分かったところで、改めて椎根津彦について考えてみたい。

丹後半島の付け根の籠《この》神社（京都府宮津市の元伊勢）の主祭神は尾張氏の祖神・彦火《ひこほの》明命《あかりのみこと》だが、その四代の孫が椎根津彦だと伝えている。倭直は尾張系の可能性がある。順を追ってその理由を述べていこう。

倭直と東海地方の関係をほのめかすかのような古墳が存在する。それが三輪山の西北、箸墓のすぐ近くに築かれたホケノ山古墳（桜井市）だ。箸墓古墳よりも少し早く造営されたと考えられている（三世紀後半か）。墳丘長八〇メートルの前方後円墳だ。墳丘の上段に東海系の二重口縁壺《にじゅうこうえん》が並び、くびれ部には西部瀬戸内の伊予・豊後の壺などが並んでいた（『ヤマト王権の古代学　「おおやまと」の王から倭国の王へ』坂靖　新泉社）。東海系の人物が埋葬主体で、伊予と豊後と何かしらの強い結び付きがあったことがわかる。そして、伊予と豊後と言えば、豊予海峡を思い浮かべる。籠神社は椎根津彦を尾張系と言い、『日本書紀』は椎根津彦が豊予海峡で神武を出迎えたという。東海と豊予海峡の壺や土器を並べたホケノ山古墳は、椎根津彦との関わりを連想させる。東海系の椎根津彦が伊予や豊後とつながっていたからこそ、豊予海峡に出現したことになる。

ここで、尾張氏や東海のヤマト建国における活躍を、考えたい。

先に述べたように、『日本書紀』は、なぜか「尾張」や「東海」に冷淡だ。ヤマト建国の考古学が進展して、東海地方が大活躍していたことが分かってきたが、『日本書紀』の神話は、出雲と日向を舞台にしている。

神武東征の際、熊野で困窮する神武を救ったのは高倉下《たかくらじ》という人物だが、『日本書紀』と『古事記』は「熊野の高倉下」と紹介し、『先代旧事本紀』は「尾張の高倉下」と記録する。「尾張」と熊野のつながりは深く、また高倉下を遣わしたのは武甕槌神《たけみかづちのかみ》で、この神が尾張系であることは、他の拙著の中でくり返し述べている。高倉下は尾張系なのに、『記・紀』はあえて、尾張氏の活躍を抹殺していることがわかる。

さらに、『日本書紀』は七世紀の壬申の乱で、尾張氏を無視している。吉野から裸一貫で東国に逃れた大海人皇子を温かく迎えいれ、軍資を提供したのは尾張氏で、乱最大の功労者だったのに、『日本書紀』は一言も尾張氏の業績を語っていない。『日本書紀』の次に編まれた『続日本紀』が記録してくれなければ、闇に消えていた歴史なのである。

なぜ『日本書紀』は尾張氏を嫌ったのだろう。なぜ、節目節目で大活躍をした「東海」と「尾張」を、歴史から排除してしまったのだろう。

答えははっきりしている。『日本書紀』編纂の中心に立っていたのは藤原不比等で、藤原不比等は父・中臣（藤原）鎌足の正義を証明するために、改革派だった蘇我氏を大悪人に仕立て上げ、さらに、蘇我氏が中大兄皇子（天智天皇）ではなく大海人皇子を支持していた事実を抹殺する必要があった。その延長線上に、尾張氏抹殺の事情が隠されていた。つまり、大海人皇子を強力にバックアップしていた尾張氏の存在が、邪魔になったのだろう。反藤原派は東国に満ちあふれていて、だからこそ実権を握った藤原政権は、東国を警戒し、おそれ続けていく。

ならば、消し去られた尾張氏の歴史を再現することは可能なのだろうか。

東海からヤマトに乗り込んだ尾張氏

これまでの史学界の常識は、「尾張氏は西（ヤマト）から尾張にやってきた」だった。北部九州出身説も囁かれてきたが、すでに本居宣長の時代から、葛城出身説が根強かった。葛城には、高尾張《たかおわり》の地名も残る。そのため尾張氏は、葛城（ヤマト）から東海に進出したというのだ。

『先代旧事本紀』（『天孫本紀』）に、尾張氏にまつわる詳細な記事があり、火明命《ほのあかりのみこと》十一世の孫・乎止与《おとよ》以後は尾張での活躍が記録されるが、それ以前は葛城と深くかかわっていたと記録されている。しかも、欠史八代の王家に、尾張氏は嫁を送り込んでいた。したがって、古い時代の尾張氏の祖たちは、葛城に拠点を構え、王家と強く結ばれていたと推理したのだ。

一方考古学は、弥生時代後期の濃尾平野や伊勢湾沿岸部の意外な姿を明らかにしている。

ヤマトを含めて、近江や東海地方では、銅鐸文化圏を形成していた。出雲などですでに銅鐸祭祀は終わっていたのに、さらに巨大な銅鐸を造り始めたのだ。北部九州や出雲に強大な王が出現する中、東側では王ひとりで持ち運べない銅鐸を、集落みんなで祀っていたと推理されている。

つまり、弥生時代後期の銅鐸文化圏は、独裁権力の発生を嫌い、ゆるやかなネットワークでつながった地域だったわけだ。

ところが、この地域で巨大地震や天候不順（寒冷化）による洪水が頻発していたことがわかり、社会は混乱し、それまでの祭祀形態の見直しも進められたことも判明して、この段階で銅鐸が捨てられていったのだ。

赤塚次郎は、二世紀初めに、地域再生プロジェクトが始動したと推理している（『邪馬台国時代の関東　ヤマト・東海からの「東征」と「移住」はあったのか』青垣出版）。東海地方の濃尾平野や伊勢湾沿岸部全体をまとめるような部族社会が成立している。

東海の勢いは東にも及び、また、ヤマトにも進出している。赤塚は、奈良県桜井市から天理市にかけての三世紀の各遺跡から、東海系の土器がかなり高い比率で出土することから、陸路で伊勢湾沿岸部とヤマトがつながっていたと指摘した（『古代「おおやまと」を探る』伊達宗泰編　学生社）。

近江で生まれ東海に伝わった前方後方墳も、奈良盆地に移入された。奈良県内に十六基の前方後方墳が今みつかっていて、しかも偏在しているところが謎めいている。纏向遺跡の北側の「おおやまと（山辺の道のあたり）」、新山《しんやま》古墳周辺（奈良県北葛城郡広陵町）・宇陀郡周辺地域に限定できる。おそらく、奈良盆地にいち早くやってきた東海勢力が、「おおやまと」を中心に、拠点作りをした結果だろう。

また、かつて庄内式土器（弥生時代から古墳時代の中間期）や布留《ふる》式土器（古墳時代前期）に東海系の影響はほとんど無かったと考えられてきたが、纏向1式成立段階（纏向遺跡で最も古い時代）に限っていえば、東海的な要素が色濃く、しかも前代からの脱却を考える重要な要素（器台・加飾壺）が東海系土器を基盤にしているという。この点は、無視できない。

纏向の庄内式土器が各地にもたらされるよりも早い段階で、東海系のS字甕《がめ》が拡散していた事実も見逃せない。ヤマト建国前に、東海地方が急成長していたことは間違いないし、ヤマト建国のきっかけを作ったのが東海勢力だった可能性は、すこぶる高い。そして尾張氏の祖がヤマトから東に移動したのではなく、東海からヤマトに乗り込んだ人びとだった可能性が高まる。

奈良盆地の東南側（おおやまと）にいち早く進出したのが東海勢力で、だからこそ尾張系の倭直が倭国造に任命され、「大和国の神・日本大国魂神」を祀っていたことは、なんら矛盾がない。そして、ここに言う大和国の神は、東海系の人びとが奉斎する神であろう。

森浩一が指摘した尾張氏と日本大国魂神のつながりは、ここに来て大きな意味を持ってくる。

ヤマトタケルに怯えた持統天皇

問題は、「神武に優しかった椎根津彦が尾張系」で「尾張系の椎根津彦が祀る日本大国魂神も尾張系」とすれば、なぜヤマトの初代王・崇神は日本大国魂神を恐れたのか、ということだ。

アマテラスと日本大国魂神を宮で一緒に祀ったから神々が機嫌を損ねたとする説はすでに紹介したが、日本大国魂神の方が凄まじい神威を示していた理由を説明することができない。

ヤマトの王家は、なぜか伝統的に「尾張」に鋭く反応する。

たとえば八世紀初頭の持統太上天皇も、尾張や東国を恐れていた疑いが強い。『続日本紀』の大宝二年（七〇二）八月八日条に「倭建命《やまとたけるのみこと》の墓に震す」とある。ヤマトタケルの陵墓が揺れたのだろうか。あるいは鳴動した可能性もある。さっそく使いを遣わして祀らせたという。ちなみに、ヤマトタケルの陵墓の比定地はいくつもあるが、『記・紀』に共通して語られているのは、伊勢国能褒野《のぼの》（三重県亀山市と鈴鹿市の一帯）だ。

ここで少しヤマトタケルについて説明しておこう。

第十二代景行天皇の子・ヤマトタケルは実在しないと、一般には考えられている。説話が神話じみていて、英雄時代の偶像にすぎないという。しかし、モデルとなった何者かが、存在したのではないかと筆者は疑っている。しかも、だからこそ、持統太上天皇は震え上がったに違いないのである。

景行天皇はヤマトタケルの性格が凶暴なことを心底恐れ、熊襲征討を命じている。難なく任務をこなして凱旋したヤマトタケルだったが、景行天皇はすぐさま東国遠征に向かわせた。ヤマトタケルは「私に死ねと言っているのだろうか」と悲嘆する。東国を平定して尾張に戻ってきたヤマトタケルは、ミヤズヒメ（宮簀媛）と結ばれる。尾張氏の祖にあたる女人だ。このあとヤマトタケルは伊吹山の神の毒気にやられて、ヤマト帰還を夢みながら、能褒野で亡くなっている。魂は白鳥となってヤマトを目指した。

このあと説明するように、ヤマトタケルは「ヤマトの王家出身」と言うよりも、「東海を代表する貴種」と考えるべきで、この事情を読み間違えてきたから、持統太上天皇の行動も理解できなかったのだ。

ここで話は、持統太上天皇にもどる。

陵墓震動の翌月九月二十三日、「天下に大赦す」とある。そして十月十日、太上天皇（持統）が参河国に行幸し、ここから東国行幸が始まる。近江、尾張、美濃、伊勢、伊賀をめぐって都に戻ってきた。そして、十二月十三日、太上天皇は病の床に伏し、二十二日に崩御。

一連の記事に、違和感を覚える。なぜ持統太上天皇は、死の直前になって、老骨にむち打ち、東国行幸を敢行したのだろう。それは、ヤマトタケルの陵墓の異変とかかわっていたのではなかったか。持統太上天皇は、ヤマトタケルの怒りに震え上がったのではなかったか。この「東国の恐ろしい偶像」は、持統太上天皇にとっては現実の恐怖であり、だからこそ、最晩年のこの時期、尾張や伊勢といった東国を行幸し、ヤマトタケルの怒りを鎮めようとしたのではなかったか。

この魔王的な「東海のヤマトタケル」は、そのまま日本大国魂神に重なって見えてきてしまうのだ。この推理を、証明することは可能だろうか。

二つに分かれていた黎明期の王家

ここで、少し遠回りをして『日本書紀』が隠滅してしまった「ヤマト建国の真相を解明してしまう人脈」を発掘してみたい。

第十二代景行天皇から第十四代仲哀《ちゅうあい》天皇に続く「タラシ（ヒコ）の王家」のことだ。この中にヤマトタケルも含まれているのだが、彼らこそ、ヤマト黎明期の東海勢力で、しかも『日本書紀』は、その活躍をおとぎ話にしてはぐらかしてしまったのだ。

結論から先に言ってしまえば、次のようになる。

考古学はヤマト建国の黎明期に、近畿、東海、山陰勢力が、一気に北部九州に押し寄せ、当時もっとも栄えていた地域をおさえてしまったと指摘しているが、『日本書紀』のヤマト建国説話は、「九州から神武がやってきた」とあって、考古学と合致しない。しかし、「タラシの王家」は、考古学の指摘をほぼなぞって、北部九州に進出していた。その様子を『日本書紀』は、時代をずらして、時間を引き延ばして記録していたのだ。

時間軸が合わなかったから、史学者たちは「タラシの王家」の物語を絵空事と、切り捨ててしまった。この間の事情を、詳しく説明して行こう。

実在の初代王・崇神と子の垂仁天皇の和風諡号《しごう》には「イリヒコ」が入っている。ところが、「イリヒコ」の王家は、この二代で終わってしまう。第十二代景行天皇、第十三代成務天皇、第十四代仲哀天皇、仲哀天皇の皇后の神功《じんぐう》皇后の和風諡号には、「タラシ」が入る。ヤマトタケルは「タラシの王」ではないが、父も子も兄弟も、みな「タラシの王」だ。

なぜ黎明期のヤマトの王家の諡号「イリヒコ」がすぐに消え、「タラシ」の王家がしばらく続いたのだろう。ここに重大な秘密が隠されていて、しかもその謎を解くと、尾張氏の活躍が明らかになり、アマテラスをめぐる謎解きのヒントとなる。

第十二代景行天皇や子のヤマトタケル、孫の仲哀天皇をめぐる『記・紀』の記事は、その多くが神話じみていて、歴史とみなすことは難しいと判断されてきたのだ。これがいわゆる、空白の四世紀でもある。しかし、考古学の発掘調査によってヤマト建国の詳細が明らかになってみると、逆に、彼らの存在を無視することができなくなってくるのである。

たとえば、崇神天皇は纏向に隣接する地域（磯城）に宮を構え、第十一代垂仁天皇の宮は纏向に置かれたと『日本書紀』は言う。景行天皇の宮も纏向に置かれていたと記録するが、ヤマト建国の地は纏向だから、崇神や垂仁、そして景行天皇らは、ヤマト黎明期の王だった可能性が高い。ヤマト黎明期の王家が三輪山麓の扇状地（纏向と周辺）を拠点にしていたという歴史記述は、考古学の物証と合致する。

崇神、垂仁、景行は、ヤマト建国直後の王（大王、天皇）と考えて間違いないだろう。ならばなぜ、景行天皇は「イリヒコ」の和風諡号を与えられず、「オオタラシヒコ」だったのか。素朴な疑問が頭をよぎる。『日本書紀』は、「血脈に断絶はない」と言っているのに……。

タラシヒコの諡号の由来と成立

そこで改めて、和風諡号に焦点を当ててみよう。

崇神天皇は「ミマキイリヒコイニエ」、垂仁天皇は「イクメイリヒコイサチ」で、「イリヒコ」の王家だ。一方景行天皇の和風諡号は「オオタラシヒコオシロワケ」、子の成務天皇は「ワカタラシヒコ」、孫の仲哀天皇は「タラシナカツヒコ」と、「タラシ（ヒコ)」の王家が形成されている。
　まず問題は、すでに触れたように「タラシの王家」の実在性が疑問視されてきたことにある。

　たとえば三王朝交替説（崇神王朝、仁徳王朝、継体王朝）を唱える水野祐《ゆう》は、景行天皇から神功皇后に至る「タラシの人脈」は、七世紀に創作されたと推理している（『水野祐著作集　1　日本古代王朝史論序説［新版］』早稲田大学出版部）。「タラシ」の尊称は七世紀の舒明・皇極（斉明）天皇や『隋書』倭国伝に伝えられた倭国王の尊称と同じであること、仲哀天皇とともに九州遠征を敢行した神功皇后は「オキナガタラシヒメ」で、これは舒明天皇の「オキナガタラシヒヒロヌカ」の「オキナガ」、皇極天皇の「アメトヨタカライカシヒタラシヒメ」の「タラシヒメ」を合体させて編み出されたというわけだ。

　また、神功皇后のモデルは白村江の戦い（六六三）で活躍した女傑だったという。朝鮮半島に遠征軍を派遣すべく北部九州に赴いた斉明女帝ということになる。

「タラシ」の人物群は景行天皇や仲哀天皇の段でいったん消え去り、その後七世紀に集団となって再び現れていたことがわかる。そこで水野祐は、景行天皇たち「タラシの王家」は、七世紀に作りあげられたと推理したのだ。

直木孝次郎も、よく似た推理を働かせている。「タラシ」は七世紀に天皇（大王）を意味する称号として用いられていたことが『隋書』倭国伝の次の記事から分かるという。

「開皇《かいこう》二十年（六〇〇）、倭王あり、姓は阿毎《あめ》、字《あざ》は多利思比孤《たりしひこ》、阿輩雞弥《あほけみ》と称す」

この、「アメ」と「タリシヒコ」をつないで、当時の王の一般的な称号ではないかと推理した。「阿輩雞弥」は、大王だ。そして、崇神に始まる王朝と応神に始まる王朝は実際には継続していなかったが、これをつなぐために「タラシの王家」が作られたという（『日本神話と古代国家』講談社学術文庫）。

このような、「タラシの王家は七世紀に創作された」「景行天皇から続くタラシの王家は実在しなかった」という考えが、ほぼ定説になった感がある。

しかし、どうにも腑に落ちない。「タラシの王」たちが、九州に遠征していた物語を、おとぎ話とみなし、軽視するわけにはいかない。ヤマト建国の考古学は、畿内と山陰勢力が九州に乗り込んでいたといい、『記・紀』に登場する「タラシの王」たちは、まさにこぞって九州に乗り込んでいるのだから。

ヤマト建国と「タラシの王家」

景行天皇から仲哀天皇、あるいは神功皇后に至る王に「タラシ」の和風諡号がつけられたのは、七世紀の「タラシの大王（天皇）」をモデルにしたとしても、第十二代から第十四代までの王家が実在しなかった証拠にはならない。

「オオタラシヒコ（景行天皇）」から始まり連続する「タラシ」の王家を『日本書紀』が示したことが重要なのだ。ひとかたまりのタラシの王たちは、そっくりな行動をとっている。九州遠征だ。それを、みなくり返している（これ、不自然じゃないか？）。彼らが生きた時間を合計すると長くなるが、やっていることは同じで、実際には、「誕生間もないヤマト政権が北部九州に乗り込んだ事件」を、何度も見せられているのではあるまいか。そのための「目くらましのためのタラシたち」のような気がしてならないのだ。

少なくとも、「オオタラシヒコ」と子の「ヤマトタケル」の行動は、ほぼ重なっている。そして、ふたりの神話じみた業績を、「現実の歴史」に書き直したのが、「仲哀天皇と神功皇后」の、「タラシの夫婦」ではなかったか。

つまり、「タラシ」の諡号は当時実際には使われていなかったかもしれないが、だからといって、『日本書紀』が「タラシ」と呼んだ人びとが（別の諡号で）実在していた可能性まで否定されたわけではないし、実在した彼らに、あえて「タラシ」の諡号を与えなければならない事情があったにちがいない。説話と史実をごちゃ混ぜにしてくり返し語ることで、「時間稼ぎ」をしたのではなかったか。ヤマト建国の経過を『日本書紀』編者は熟知していて、それを闇に葬る必要があり、初代神武から十代崇神、さらに第十二代景行から第十四代仲哀、そして、子の十五代応神天皇という、長大な時間に引き延ばしてしまったのではないかと疑っているのだ。そのカラクリのひとつが、「タラシの王家」だったのだろう……。

通説は実在の初代王は崇神天皇で、神武天皇と同一人物だったのではないかと考える。理由は簡単で、ふたりが「ハックニシラス（はじめに国を治めた王）」と称えられていること、『日本書紀』の神武天皇の記事と崇神天皇の記事を重ねると、ちょうどぴったりと重なり、お互いの歴史記述の抜け落ちた部分を埋めているからだ。

筆者は、神武と崇神は同時代人だが別人で、神武と第十五代応神天皇が同一と考える。もちろん、この発想は史学界から無視されているが、「タラシの王家」の正体を探ることで、証明できると思う。そう考えてしまうのは、「タラシの王家」が、考古学のヤマト黎明期の動きを、かなり正確になぞっているからだ。

まず、タラシの王家の始祖となった景行天皇は、はじめ纏向に宮を置いていたが、晩年に近江に移っている。このあとタラシの王たちがヤマトに戻ったという記録はなく、近江で暮らしていた「体」になっている。タラシの王家と近江のつながりを、軽視すべきではない。

と言うのも、近江の古代史に詳しい植田文雄は、前方後方墳が最初に登場したのが、近江だったと指摘しているからだ（『「前方後方墳」出現社会の研究』学生社）。そして、纏向に人びとが集まったころ、東の前方後方墳、西（瀬戸内）の前方後円墳という大きな枠組みが、一時的とはいえ、出現したのだ。もし仮に、景行天皇がヤマト建国黎明期の王とすれば、タラシの王家が近江に拠点を置いたという記事は、重大な意味を持ってくる。彼らは「前方後方墳体制側（前方後円墳ではなく）」の王ではなかったか。

北部九州に流れ込んだ集団

そしてもうひとつ大切なことは、『日本書紀』はヤマト建国を「西から東」の人の流れで説明していたが、考古学は人の流れが「東（ヤマト）から西（北部九州）」だったことを明らかにしている。ところが、『日本書紀』は、ヤマト建国時（神武や崇神の時代）

に多くの人々が北部九州になだれ込んだ事実を伝えていない。これまで、史学者の多くは、『日本書紀』編者に三世紀の知識や記憶はなかったと決め付けていたが、知っていたからこそ知らぬ振りをしたと考えてみてはどうか。

一方、景行天皇、ヤマトタケル、仲哀天皇の、祖父から孫へと、「タラシの王」たちの九州遠征は継続していく。しかも、仲哀天皇と神功皇后の九州征討は、ヤマト建国前後の考古学と気持ち悪いほどぴったり重なる。これは、偶然ではあるまい。

仲哀天皇は儺県《なのあがた》の橿日宮《かしひのみや》（福岡県福岡市）に拠点を構えたというが、儺県は「魏志倭人伝」に登場する奴国で、三世紀のヤマト勢力は、まさにこの一帯になだれ込んでいたことがわかっている。たとえば博多湾に面した西新町《にしじんまち》遺跡（福岡市早良区）の三・四世紀の集落の土器は、在地系六三％に対し、残りが外来系だ。内訳は、畿内系二五％、山陰系九％、吉備系一％、朝鮮系二％（計三七％）となる。佐賀県でも、東海系をはじめ、近畿、北陸系の土器が流入していたことが分かっている。

さらに余談ながら、この時代、日本各地で人の往き来が盛んになったが、「東海（尾張）」には他地域から土器がほとんど流入していないという謎がある。三世紀の画期は、東海地方の人びとや文物が各地に広がる「ビッグバン」から始まっていたのだ（『邪馬台国と古墳』石野博信　学生社)。

それはともかく、神功皇后は橿日宮から南に移動し、朝倉市付近に布陣した後、一気に山門県《やまとのあがた》(福岡県みやま市)の女首長を討ち取りに行ったと『日本書紀』は言う。これも、ヤマト建国の考古学そのものだ。

初期型の纏向式前方後円墳の分布域は、北部九州沿岸部から筑後川の北側の一帯で、まさに神功皇后は「北部九州の纏向式前方後円墳の分布域(福岡県朝倉市)」からヤマトの埋葬文化を拒んだ山門県に攻め入ったわけだ。ちなみに、山門県は邪馬台国北部九州説の最有力候補地で、ヤマトによる邪馬台国潰しだろう(『神武天皇vs.卑弥呼』)。

『日本書紀』は神功摂政紀の中に邪馬台国の記事を挿入し、神功皇后が邪馬台国の女王だった可能性を示している。ただ通説はこれを、干支《かんし》二巡(六〇×二＝一二〇年)繰り上げてしまっていると考える。つまり、「魏志倭人伝」の記事をどうにかして神功皇后の説話に合わせるための工夫だったという。もし仮に神功皇后が実在しても、実際には卑弥呼の時代から百年以上もあとの人物だったというのだ。

しかし『日本書紀』は、「タラシの王家のカラクリ」を用意して、ヤマト建国時の王を、神武と第十五代応神に分解してしまっている。神武も応神も九州からヤマトに向かい、ヤマトの政敵にはね返された。紀伊半島に迂回する行動までそっくりなのは、両者が同一だからだろう。

日本書紀が分解したヤマト建国史

タラシの王家の九州遠征は、大きくふたつに分けられる。景行天皇とヤマトタケルの説話は、歴史時代の記述であるにもかかわらず、おとぎ話的で現実的ではない。そこで門脇禎二は、ヤマトタケルは五世紀末の雄略天皇をモデルにしていて、しかも、さらに時代は下って、壬申の乱を戦った天武天皇の影響も受けていると言う。そして、ヤマトタケルの説話は、原始蒙昧から文明に移り変わる「英雄時代」にあたるという（『ヤマトタケル　尾張・美濃と英雄伝説』森浩一　門脇禎二編　大巧社）。

しかし、タラシの王家の一員としてのヤマトタケルは、「タラシの王家の歴史をわざわざ長く見せかけるための偶像」であり、さらには「本当のタラシの王家の九州遠征の時代設定を、ヤマト建国時からあとにずらすための方便だった」のではないかと思えてならない。

さらに付け足すなら、ヤマトタケルが九州に赴き、凱旋後すぐに東国に遣わされ、非業の死をとげたのは、「東海（尾張）」が二重（二回、ふたりの東海系の人物）の悲劇に見舞われたからであり、それが何を意味するのかは、これからおいおい述べていく。

また、ヤマトタケルのおとぎ話と、仲哀天皇たちの具体的で正確な北部九州遠征を連続して語っていたところに、『日本書紀』の意図が透けてみえる。

要は、『日本書紀』が、ヤマト建国の歴史を「どうやってごまかそうか」と、試行錯誤した挙げ句、「タラシの王家の長い長い物語」を用意して、時間の流れを引き延ばしたのである。しかも、ヤマトタケルというおとぎ話を提示することで、のちの時代の学者たちを、騙した。「タラシの王家は実在しない」と信じ込ませることに成功したのだ。

そこで生まれる謎は、タラシの王家が北部九州に向かったことは確かだとして、そのあとの歴史とどこでどのようにつながっていくのか、である。

筆者は、『日本書紀』はヤマト建国の歴史を神武と崇神と応神の三つの時代に分解したのではないかと、仮説を立ててみた。とすると、神武と応神が九州からヤマトにやってきたという『記・紀』の物語を、どのように組みこみ直せば良いのか、という課題が残された。崇神の立場はどうなるのか……。

邪馬台国北部九州説が優勢だったころは、日向（南部九州）からヤマトに神武天皇が乗り込んできたという『記・紀』の説話の「出発地を北部九州に読み替える」ことによって、辻褄を合わせていた。しかし、考古学は人の流れが「西から東」ではなく「東から西」だったことを明らかにしてしまった。そのため、神武東征は絵空事と考えられるようになってきた。

しかし、すでに触れたように、天孫降臨は北部九州の敗北と奴国と山陰勢力の逃避行だった可能性が高い。ニニギは高千穂（宮崎県と鹿児島県の県境の高千穂峰と宮崎県西臼杵郡高千穂町の二説あり）に降臨したあと笠狭碕（鹿児島県南さつま市笠狭町の野間岬）まで歩いて行ったという。これが怪しい。

天から山に舞い降りたという話はまさに神話で、次の一歩に注目すべきだった。それが、天然の良港を備えた野間岬だ。弥生時代から海人の楽園だった。実際には海人のネットワークを駆使して、敗れた貴種たちは、ここに流れ着き、ヤマトを呪ったのだろう。

ならばなぜ、敗者がヤマトに乗り込むことができたのか。このあたりの事情は、『神武天皇vs.卑弥呼』で語っているので、結論だけを言っておく。

ヒントは、ヤマトの崇神天皇が恐れた大物主神の祟りだろう。大物主神は日本海の神であり、大いなる物＝鬼（神）の主の神で、鬼の中の鬼で、神の中の神だ。人の手に負えない恐ろしい存在で、なぜ祟るかと言えば、奴国に集まってきた人びとが、ヤマトの吉備（瀬戸内海勢力）に裏切られたからだろう。しかし、人口が激減するほどの疫病が蔓延し、このあと、祟りと考え、鬼の怒りを鎮める者が求められた。そして、神武に白羽の矢が立ち、ヤマトに招かれたのだろう。くどいようだが、崇神と初代神武は同時代人である。

ここまで分かったところで、いよいよ問題の核心に迫りたい。

神武がヤマトに乗り込もうとすると、ナガスネビコが邪魔をした。そこでニギハヤヒは、ナガスネビコを殺して神武を迎えいれた。

なぜ、こんな悲劇が起きたのだろう。

ナガスネビコは尾張氏の祖か

そこで改めて注目しておきたいのは、『日本書紀』の示した「ヤマト建国時に活躍したニギハヤヒとナガスネビコ」のことである。二人は「神武天皇と同世代」なのだから、本当に存在したのかどうかも含めて、謎を秘めている。しかし、ニギハヤヒとナガスネビコのあり方も、仲哀天皇や神功皇后らと同じように、ヤマト建国の考古学と重なっている。ニギハヤヒとナガスネビコは、それぞれが前方後円墳と前方後方墳の文化圏を代表する人物と思われる。その理由を説明しておく。

神武がヤマトに乗り込んだとき、すでにヤマトには物部氏の祖のニギハヤヒが君臨していた。ニギハヤヒは先住のナガスネビコの妹を娶って、王に立っていたが、なぜかナガスネビコは神武のヤマト入りに抵抗し、ニギハヤヒはナガスネビコを殺して神武に王位を譲ったというのである（『日本書紀』）。

このことは先に述べた。気になるのは、ナガスネビコのことだ。ナガスネビコはヤマト土着ではないだろう。ヤマト土着勢力は、ヤマト政権の中心には立っていなかったと思われる。富の蓄積がなかったのだ。

弥生時代後期の南近畿は鉄の過疎地帯で、周囲とは隔絶していた。しかもこの時代、日本列島が吉備発祥の前方後円墳と近江・東海で生まれた前方後方墳で大きく二分化されていた。この事実を無視することはできない。

ちなみに、纏向出現直後に出現したこの二つの埋葬文化圏を「狗奴国と邪馬台国の対立の図式」と捉える説もある。また田中裕は、前方後方墳を採用した東国は、西側（前方後円墳勢力側）の文物も採り入れているのだから、東か西かの二者択一ではなかったという（『古代国家形成期の社会と交通』同成社）。

たしかに、前方後方墳と前方後円墳の二極化は、単純な対立と拮抗と考える必要はない。ただ、二つの文化圏が戸惑いつつも、融合していく過程におけるそれぞれのアイデンティティの表出ではなかったか。そして東国は、近江と東海地方の編み出した埋葬文化に共鳴しただけではなく、「奈良盆地に東が乗り込んだことへの賛意表明と高揚感」が、ない交ぜになって前方後方墳を選択したのではなかったか。

さらに、ヤマト政権内部で主導権争いが忙しい中、各地の首長も、乗り遅れまいと必死だったのだろう。そんな彼らの先頭に立って主導的な役割を果たしていたのが、吉備と東海であり、そのリーダーが、ニギハヤヒとナガスネビコではなかったか。

ナガスネビコの正体がはっきりしなかったのは、「古代の東は後進地帯」という先入観が邪魔していたからだろう。「おおやまと」に与えるインパクトは、東海勢力が一番大きかったことに、ほとんど関心が集まらなかった。

纏向に集まった外来系土器の約半数が東海系だったのに、これは生活の道具で東海勢力は労働力として駆り出されたと信じられていたのだ。だから、東海や東の実力を再認識する必要があると思う。その東海の王が、ナガスネビコであり、彼こそ尾張氏の祖ではあるまいか。

『日本書紀』が尾張氏の系譜を天皇家の親族と位置づけたにもかかわらず、平安時代に至り、物部氏の末裔が『先代旧事本紀』の中で尾張氏を同族と位置づけてしまったのは、ヤマト建国時に吉備と東海が手を握っていたからだろう。

崇神天皇と前方後円墳体制

ここで、実在の初代王＝崇神天皇に俄然注目が集まる。崇神天皇は『記・紀』ともに「ハックニシラス天皇」と呼んでいて、画期的な支配者だったことが推定され、始祖的人物と考えられてきた。

唐突ながら、崇神天皇は、ニギハヤヒではあるまいか。崇神天皇の母と祖母は、どちらも物部系で、この系譜は『日本書紀』のほのめかしだろう。ただし、反論もある。

吉井巖は、長い歴史のなかで、物部系の后妃は例外的と指摘し、崇神天皇と物部氏の強い系譜上のつながりに、疑念を抱いている。ニギハヤヒが天神の子として『日本書紀』に登場し、物部連が皇室と同系であったかのような表現にも不信感を抱く。これらは物部氏の根強い働きかけによって作りあげられた系譜なのだから、崇神の系譜的位置も信頼できないと考えたのである（『天皇の系譜と神話』塙書房）。

しかし、ヤマト黎明期の考古学を当てはめてみると、別の推理が必要となってくる。ヤマト建国の前後、吉備の人々は河内に拠点を構え、纒向に祭祀用の土器を供給し、ヤマト政権の中心的役割を果たした。河内はのちの物部氏の地盤でもあり、物部氏は古墳時代（前方後円墳体制）の覇者であり続けたから、彼らの祖のニギハヤヒは吉備からやってきた可能性が高い。

『日本書紀』は崇神天皇が吉備（物部）系（前方後円墳体制側）のニギハヤヒだった事実を、「崇神の母系は物部」とお茶を濁し、明確にしなかったということだろう。

ヤマト建国のきっかけを作ったのは東海＋近江＝前方後方墳文化圏であり、奈良盆地にいち早く乗り込んだ。それを背後から支えていたのがタニハだ。そして、あわてて吉備＝前方後円墳文化圏が河内とヤマトにやってきた。こうして東の東海と西の吉備がヤマトで融合した。その主役は、ニギハヤヒ（吉備＝物部）とナガスネビコ（東海＝尾張）で、ニギハヤヒは崇神天皇でもある。

これらヤマト黎明期に活躍した人々の末裔の「名門豪族」たちは、『日本書紀』を編纂した藤原氏の政敵だった。だから旧豪族の正統な系譜をなるべく表に出したくなかったのだろう。

四尺一寸ものスネを持つ王

タラシの王家には、ひとつの身体的特徴がある。なぜか「高身長」なのだ。ヤマトタケルと子の仲哀天皇の身長は一丈（約三メートル）あったと『日本書紀』は言う。あり得ない高さではないか。

『古事記』に次の話が残されている。景行天皇の子・ヤマトタケルは双子の兄がトイレに入るところを待ち伏せし、なぶり殺しにした。死体をバラバラにしてしまうほどの怪力の持主だったが、熊襲征討した際、女装して童女となり、クマソタケルを騙して油断させ、いきなり剣を抜き、殺している。三メートルの大男なのに童女に化けたというから、やはりヤマトタケルはおとぎ話の住人だ。

問題は景行天皇で、『古事記』の垂仁記には、一丈二寸とあり、子や孫よりも少し高かったと言っている。タラシの王家の出発点になった景行天皇（オオタラシ）だからこそ、タラシの王家の中で一番背が高かったという設定なのだろう。

タラシの王家が巨人だったこと、ヤマトタケルの説話が神話じみていること、仲哀天皇が神のいいつけを守らずに急死してしまったこと、神功皇后（オキナガタラシヒメ）は実際には行なわれていなかったはずの新羅征討を行ない、神の力を借りて圧勝していること……。このように、タラシの王家の行動はおとぎ話めいていたから、実在性を疑われてきたし、歴史として扱うことを敬遠されてきたのだ。

しかし、九州征討を敢行したタラシ系の皇族が揃いも揃って巨人だった話は、『日本書紀』と『古事記』編者の何かしらの意図を感じるし、背後に、歴史改竄の目論見があったはずなのだ。その目的は、なんだったのか。

『日本書紀』と『古事記』では、編纂の目的が違うと思う。『日本書紀』の場合、ヤマト建国の詳細を知っていながら、「どうやればごまかすことができるのか」に腐心し、かたや『古事記』は、「どうすれば、『日本書紀』の歴史改竄のウソをばらすことができるのか」を考え、『日本書紀』の記事とよく似た文書にして、要所要所で、秘密を解きあかす鍵を用意していたと思う。

ちなみに、『古事記』序文は、『古事記』が『日本書紀』よりも早く完成したと言い、通説もほぼこの序文を信じているが、この序文は後世の偽作で、あてにならない。実際には実在したであろう古文書に『日本書紀』の歴史改竄を暴く記事を足した文書が『古事記』であろう（拙著『古事記の禁忌　天皇の正体』新潮文庫）。

さて、『古事記』は景行天皇＝オオタラシヒコの身長が子供たちよりも大きかったことを強調し、タラシヒコの王家が、周囲から孤立しているかのような印象を与え、さらに、つぎの「余計な記事」を載せている。景行天皇のスネの長さが「四尺一寸（約一二四センチ）」あったと特記しているのだ（垂仁記）。

常識的な長さではないし、他のだれにもこのような表現はなされていない。スネの長さが歴史とどのように関係してくるというのだろう。

この特別な記事、なぜ今まで見落としてきたのだろう。尾張氏とつながりをもち、ヤマト建国の考古学をそのまま再現して見せた「タラシの王家の始祖」のスネが長かったことを、『古事記』は大声で叫びたかったのではないか。その真意を、つかみ取ってあげることが、歴史家の務めではないか。バカらしい話と、切り捨ててはならない。

思い出そう。歴史上もうひとり、「スネが長い」と呼ばれた人物がいる。それが、ニギハヤヒの義理の兄・ナガスネビコである……。

「タラシの王家」の始祖・オオタラシヒコ＝景行天皇は、ナガスネビコなのだ。ナガスネビコは前方後方墳文化圏からヤマトに乗り込み、ニギハヤヒと手を組んだ。景行天皇も、本来前方後方墳体制側の人間だから、『日本書紀』は「景行天皇は晩年近江（前方後方墳発祥の地）に宮を建てた」と言い、タラシの王家は、みなここで暮らした。

タラシの王家は成務天皇を除いて、みな九州に遠征している。しかも仲哀天皇と神功皇后（タラシヒメ）は、奴国に拠点を構えている。（くどいようだが）これはヤマト建国の考古学に合致する。

つまり、タラシの王家が尾張系だったことを『日本書紀』は隠滅し、『古事記』は「景行天皇のスネは長い」と記し、暴露した。

タラシの王家の始祖の景行天皇は東海系ナガスネビコであり、物部氏の祖のニギハヤヒはナガスネビコを裏切り、殺し、（日向に隠れていたタニハの貴種）神武を迎えいれた。この事実を隠蔽するために、『日本書紀』はヤマト誕生の歴史を、初代神武から第十五代応神天皇（仲哀天皇の子）まで、延ばしたのだ。

こうしてようやく、尾張系倭直が祀る尾張系の日本大国魂神の正体を明かすヒントを得たのである。そして、なぜ、崇神天皇の宮で、アマテラスと日本大国魂神が並び祀られていたのか、その意味を解くことができる。さらには、アマテラスの正体も、明らかになるだろう。

第四章　大国魂神とアマテラスをめぐる謎を解く

大国魂神と伊勢

ヤマトの王家は、なぜ神武東征の手助けをしてくれた人々（尾張系倭直《やまとのあたい》）が祀《まつ》る日本《やまとの》大国魂神《おおくにたまのかみ》を、ことさら恐れる必要があったのか。じつはこの謎解きの延長線上に、「伊勢のアマテラスの正体」がある。

筆者は持統天皇と藤原不比等がヤマトから追いやった三輪の神＝大物主神（スサノヲ）は、古い時代のヤマトの太陽神＝本当のアマテラスではないかと疑い、それを明らかにするために、日本大国魂神に注目してきたのだ。大物主神と日本大国魂神に共通するのは「怖ろしさ」で、ヤマトの黎明期に政権の中枢で祀られた。そしてもうひとつ、これから述べていくように、日本大国魂神には大物主神と同じように、太陽神的な性格が備わっていたのだ。そして、二柱の神は、ヤマトから伊勢に仲良く追いやられたのではないか……。その真相を、探っていきたいのだ。

日本には、『日本書紀』が示した「天照大神」だけではなく、諸勢力が祀り続けた多くの太陽神（名前は「アマテラス」や「アマテル」などさまざま）が存在したのだ。そして、その中の二柱の太陽神、大物主神と日本大国魂神が、伊勢に封印されたのではないかと筆者は疑っている。

この仮説を証明するためには、やはり日本大国魂神の正体を探る必要がある。そもそも、日本大国魂神は伊勢と相性が良いはずだ。日本大国魂神は尾張系で、伊勢の地も「尾張系のテリトリー」であった。また、持統太上天皇が伊勢を整備するよりも早く、荒祭宮《あらまつりのみや》が古墳時代の祭祀場だったことが分かっている（既述）。そこが、「東海（尾張）」の聖地だった可能性が高い。とすれば、尾張系の恐ろしい日本大国魂神を、伊勢の地に遷すことは、むしろ自然ではあるまいか。

ただ、くどいようだが、倭直の祖は神武天皇を助けた人であり、日本大国魂神が恐ろしかったというその理由が、よく分からないのだ。

やはりヒントは、「二つの東海（尾張）」なのだ。

神武天皇東征のおり、瀬戸内海を案内したのが尾張系の椎根津彦で、熊野で神の毒気に当たり衰弱した時に助けたのが、尾張系高倉下《たかくらじ》だった。ところが、神武のヤマト入りに猛烈に反発したのも、「尾張（東海）出身のナガスネビコ」だった。とすれば、「東海（尾張）」の意見は、分裂してしまっていたことになる。ならば、この時敗れたナガスネビコが日本大国魂神なのか？

結論を先に言ってしまうと、「東海（尾張）」が分裂したのは、「北部九州に出向いた東海（尾張）」と、「ヤマトに残った東海（尾張）」の立場の違いから生まれた悲劇であり、「東海（尾張）」は二回にわたってヤマト政権に潰されたのではなかろうか（のちに詳述する）。このヤマトを恨む「二つの東海（尾張）」こそが、日本大国魂神の正体でもある。

また伊勢神宮では、順番に二十年ごとに場所をずらし、大物主神と日本大国魂神の二柱の神を入れ替えて祀っていたのではあるまいか。社殿の床下に大事に祀られていた「心御柱《しんのみはしら》」は、古い神殿が壊されても切り取られず、小さな祠が建てられ守られていく。それは、ここに神が宿っていると信じたからではなかろうか。遷宮をくり返してきた理由は、二柱の神を順番に祀っていたからと推理する。

そこでいよいよ、これらの結論にいたる根拠を、示していこう。

謎解きの鍵は「出雲の国譲り」

伊勢神宮の祭神の正体を、ようやく明かすことができる。最後の謎解きの鍵を握っていたのは、出雲の国譲り神話に登場する神々である。

神話はその多くが出雲で展開されているが、それは、弥生時代後期からヤマト建国に至る日本列島の広い範囲で起きていた史実を、『日本書紀』が出雲（島根県東部）に集約してしまったからだ。特に、出雲の国譲り神話は、北部九州で起きていた「奴国＋山陰勢力」の没落（ヤマト政権＝吉備＋東海の裏切り）が、現実に起きていた事件だろう。『日本書紀』が出雲を葦原中国《あしはらのなかつくに》と呼んでいるのは、神話の出雲が日本列島全体を舞台にしているからで、大己貴神《おおあなむちのかみ》に無数の別名が記録されているのは、「出雲の神」が方々の神々の集合体だからだ。そう考えると、出雲の国譲り神話の裏側が、よく見えてくるはずだ。

さて、出雲の国譲りと言えば、まず天穂日命《あまのほひのみこと》が思い浮かぶ。出雲《いずも》国造《こくそう》の祖神だから、名前が知れ渡っているのだ。ただし、神話の中の天穂日命は、活躍らしい活躍がないまま、消えている。

天穂日命は、国譲りの工作を命じられ、天上界から葦原中国（出雲）に遣わされたにもかかわらず、出雲に同化してしまい、役目を果たすことはできなかった。

この天穂日命の記事に続いて、「天穂日命にそっくりだが、しくじって殺されてしまった人物」が、登場していた。それが、天稚彦《あめわかひこ》であり、天稚彦に生き写しのアジスキタカヒコネ（味耜高彦根神・阿遅須伎高孫根命）という謎のキャラも出現する。

彼らが、怪しい。そしてここに、北部九州で何が起きていたのか、その真相を突きとめるヒントが隠されている。しかもこの事件が、伊勢神宮の祭神と大いにかかわっていたのだ。

そこで、その様子を記しておく。『日本書紀』神代下第九段本文に、次の話が載る。

天穂日命が出雲に同化してしまったあと、高皇《たかみ》産霊尊《むすひのみこと》は次の一手を打った。神々を集め、誰を地上界に遣わすべきか、問うたのである。

するとみな、

「天国玉《あまつくにたま》の子の天稚彦は、勇壮な神です。試みてはどうでしょう」

というので、高皇産霊尊は天稚彦に天鹿児《あめのかご》弓《ゆみ》と天羽羽《あめのはば》矢《や》を授け、送りだした。

ちなみに、天国玉は天上界の神霊で、大己貴神の別名・顕国玉《うつしくにたま》と対になっている。また、顕国玉は地上界、現実を鎮守護霊する神の意味を有する。

ところが、天稚彦も高皇産霊尊を裏切ってしまった。地上界に下りると、顕国玉（大己貴命）の娘・下照姫《したでるひめ》を娶り、

「私も葦原中国を統治しようと思う」

と宣言してしまい、復命しなかったのである（ここ、ちょっと大切な場面）。

高皇産霊尊は、長い間報告のないことを不審に思い、無名雉《ななしきぎし》（名のない雉）を遣わし、様子をうかがわせた。雉は舞い下り、天稚彦が門の前に植えた湯津杜木《ゆつかづら》（神聖で邪気を払う木）の枝にとまった。その時、天探女《あまのさぐめ》（隠された物を探し出す女。要はスパイ）がそれをみつけ、天稚彦に、

「怪しい鳥がまいりました。木の枝にとまっております」

と告げたので天稚彦は、高皇産霊尊から授かった天鹿児弓と天羽羽矢で、雉を射殺してしまった。その矢は、雉の胸を深く貫いて、天上界の高皇産霊尊の前に飛んでいった。

高皇産霊尊は、矢が天稚彦に与えたものであること、血に染まっているのは、天稚彦が国神（出雲の神々）と争っているからだろうか、と疑い、矢を投げ下ろした。

すると、矢は天稚彦の胸にあたった。天稚彦はこの時、新嘗の祭事を執り行ない、伏

せっているところだった。そのまま天稚彦は亡くなった。世の人が「反矢畏《かえしや》るべし」と言うようになったのは、このためだという。

天稚彦の妻・下照姫は大声で泣き、悲しむ声は天上界に届いた。天国玉はその声を聞き、天稚彦が亡くなったことを知った。そこで疾風《はやち》（古くは風が遺体を運ぶという考えがあった）を遣わし、天稚彦を天上界にあげ、喪屋《もや》を造って、川雁やスズメたち鳥を使役し、殯《もがり》をした。

これより以前、天稚彦は葦原中国で下照姫の兄・アジスキタカヒコネと友情を育んでいた。そこでアジスキタカヒコネは、天に昇り天稚彦を弔った。すると、アジスキタカヒコネの容姿が生前の天稚彦に生き写しであったため、天稚彦の親族は、

「わが君は、まだ生きていたのだ」

と帯にすがり、喜び、涙した。

アジスキタカヒコネは怒り、

「友の道として弔うのは当然のことだ。だからこそ、穢らわしいことも憚らず、こうして遠くからやってきて弔っている。なぜ、死者と間違えるのか」

と言い、腰に帯びていた剣・大葉刈を抜き、喪屋を切り伏せてしまった。喪屋は地上

界に落ちた。今美濃国の藍見川《あいみ》（岐阜県不破郡垂井町の相川）の川上にある喪山《もやま》（垂井町の送葬山《そうぞやま》と考えられている）がそれだ。

そしてこの話は、世の人が生きているものを死者と間違えることを忌みきらう所以である、という。

結局、高皇産霊尊の野望は、またも潰えたのである。天穂日命も天稚彦も、期待はずれだった。そこで最後の切り札に選ばれたのが、経津主神《ふつぬしのかみ》と武甕槌神《たけみかづちのかみ》だ。二柱の神の活躍によって、ようやく出雲の国譲りは終結するのだが、経津主神は物部系、武甕槌神は尾張系の神で、要は、ヤマト政権の吉備と東海勢力が、出雲潰し＝「北部九州＋山陰勢力」を裏切った話だった。

仲哀天皇を追い詰めた神の正体

天稚彦は高皇産霊尊の思い通りに行動しなかった。それどころか、「私もこの国を統治してみたい」と、即位儀礼（新嘗祭）まで行なおうとしていた。高皇産霊尊の投げ返した矢にたまたま当たって亡くなったとあるが、高皇産霊尊の意志だろう。

天稚彦と高皇産霊尊の思惑は、どこでずれていったのだろう。この説話が、現実の歴史と、どこかでつながっていくのだろうか。

ここで少々遠回りをしなければならない。「魏志倭人伝」の卑弥呼が亡くなった時とその直後の記事に話は進む。

大きな（卑弥呼のための）冢《つか》（墓）を造り百余人が殉死した。さらに、男王を立てたが、国中服さず、殺し合いが起きて千余人を殺した。そこで卑弥呼の宗女（一族の女）の十三歳の台与《とよ》（壱与《いよ》）を王に立てた。すると、ようやく騒ぎは収まったと言う。

この男王の悲劇をめぐる記事は『日本書紀』にも書いてあると思う。それが、出雲の国譲りの天稚彦と仲哀天皇の悲劇ではあるまいか。

先に、仲哀天皇の話をしておこう。

すでに述べてきたように、仲哀天皇はタラシの王家の最後の王だ。神功皇后と共に、北部九州に乗り込んだ。儺県《なのあがた》（奴国）の橿日宮《かしひのみや》（福岡市）に拠点を置くも、仲哀天皇が神のいいつけを守らなかった（逆らった）ために急死してしまった。そして、神功皇后が北部九州を制圧し、さらに新羅征討に向かい、凱旋後九州の地で応神を生み落とした……。この仲哀天皇の非業の死が、二つの事件①卑弥呼亡きあとの男王の運命②神話の天稚彦、と被って見えてしまう。仲哀天皇がタラシの王で、ヤマト建国の考古学そのままに北部九州に遠征し、橿日宮で神に逆らって死んだというストーリーは、出雲の国譲りの直前の天稚彦と「魏志倭人伝」の記事そのものに見えるのだ。

そこで明確にしておきたいのは、仲哀天皇を急死させた神の正体である。『日本書紀』は、仲哀天皇に神託を下した神をはっきりと教えてくれない。記事を追ってみよう。

仲哀八年秋九月、橿日宮で仲哀天皇は群臣を集めて熊襲を討つ軍議を開いた。時に、神が皇后に憑依して次のように教えた。

「天皇はなぜ、熊襲が服従しないことにこだわるのか。あそこは痩せた不毛の地だから、兵を挙げて討っても無駄だ。熊襲の国よりも優れた宝を持っているのが、処女の眉引(眉墨で描いた眉)のような向かいの国の、目にも眩しい金銀や美しい宝物で溢れた栲衾《たくぶすま》新羅国だ(「栲衾」は夜具で「新羅」の枕詞)。もし、私をお祭り下さるならば、戦わずしてその国は帰服してくるでしょう。また、熊襲も服従します。その祭りには、天皇の御船と穴門直《あなとのあたい》（穴門国造）が献上した大田という名の水田を幣物として差し出してほしいのです」

そこで仲哀天皇は高い丘に登ったが、大海原が広がっているだけで、どこにも国が見えない。そこで神のいいつけを守らなかった。「神は私を欺いている」とまで言い放った。

すると神は、落胆し、仲哀天皇には「その国を得ることはできないだろう」と語り、その代わり、

「今、皇后（神功皇后）ははじめて身籠もられた。その国（新羅）は、その御子が得ることになるだろう」

と告げた。しかし仲哀天皇は、神の言葉を信じず、熊襲を討とうとしたが、勝てずにもどってきた。

翌年春二月五日、仲哀天皇は、突然衰弱し、萎えて、翌日崩御された（『日本書紀』の分注には、「即《すなは》ち知りぬ、神の言《みこと》を用ゐたまはずして、早《つと》に崩《かむあが》りましぬといふことを」とある。神のいいつけを守らなかったから亡くなったという）。

仲哀天皇の喪は秘匿された。

三月一日、神功皇后は吉日を選び、斎宮に入り、自ら神主となり、武内宿禰《たけのうちのすくね》に命じて琴を弾かせ、中臣烏賊使主《いかつのおみ》を審神者《さにわ》（神託の意味を解き明かす者）にして、先日現れた神の名を問うた。

七日七夜あと、神は答えた。

「神風の伊勢国の度逢県《わたらいのあがた》の拆鈴《さくすず》五十鈴宮に坐す神、名は撞賢木《つきさかき》厳之《いつの》御魂《みたま》天疎向津媛命《あまさかるむかつひめのみこと》（伊勢で祀られるアマテラスの荒魂）だ」

と言うので、

「この神の他にまたおられますか」

と尋ねると、

「幡荻《はたすすき》（旗のようにたなびくススキ）の穂に現れ出た尾田の吾田節の淡郡に坐す神（アマテラスの娘か妹の稚日女《わかひるめ》）がある」

と言う。そこで、他の神を問うと、

「天事代《あめにことしろ》虚事代《そらにことしろ》玉籤入彦厳之《たまくしいりびこいつの》事代神《ことしろのかみ》（出雲の事代主神）がある」

と言われた。そこで、

「まだほかにおられますか」

と問うと、

「あることもないことも知らない」

と言う。

ここで審神者が尋ねた。

「今でなくとも、あとで答えてもらえるでしょうか」

と申し上げると、神は答えて、

「日向国の橘小門《たちばなのおど》の水底に坐します水葉のように雅に芽ぐみ出てる神、名は底筒男《そこつつのお》・中筒男《なかつつのお》・表筒男《うわつつのお》の神（住吉大神）がある」

と言う。まだ他におられるかと尋ねた。すると、

「あるともないとも知らない」

と言ったまま、いるともいないとも語らなかった。そこで、神功皇后は神の教えのままに祀った。

これが、仲哀天皇崩御にまつわる『日本書紀』の記事だ。仲哀天皇に託宣を下して追

い詰めた神が一柱ではなく、複数存在し、さらに「ほかにもいるかもしれないが、よく分からない」ととぼけている。これは、異常な記事ではないか。なぜ、仲哀天皇を殺した神を絞りきれなかったのだろう。これは、本当の歴史を抹殺するための小細工でしかない。

「魏志倭人伝」に書かれた悲劇

誰かが、仲哀天皇の息の根を止めたはずだ。『日本書紀』の記事を読むかぎり、怪しいのは、このあとぴったりと神功皇后に寄り添う住吉大神だ。しかも、『住吉大社神代記』には、仲哀天皇が亡くなった晩、神功皇后と住吉大神は夫婦の秘め事をしたといい、住吉大神が仲哀天皇を邪魔にし、神功皇后を寝取った可能性が出てくる。

他の拙著の中でくり返し述べてきたように、住吉大神は武内宿禰とそっくりで同一と考えられる。

住吉大神の別名は塩土老《しおつつのお》翁《じ》で、天皇家を導くという属性を備えている。武内宿禰も三百歳の長寿を保ち、老人のイメージで、天皇家の功臣だった。しかも、神功皇后と応神を、しっかり守って導いている。

『古事記』は、仲哀天皇の亡くなった晩、そばに控えていた生身の人間は建内宿禰（武内宿禰）だけだったといい、住吉大神と神功皇后の関係は、武内宿禰と神功皇后の間に起きた事件であり、とすれば、仲哀天皇に下った神託は、住吉大神のものだった可能性が出てくる。

しかしそれなら、『日本書紀』は仲哀天皇を邪魔にしたのは住吉大神と断言してもよさそうなものだ。それなのに、伊勢のアマテラスをまず先頭にもって来て、容疑者のひとりにしてしまっている。これがどうにもよく分からない。さらに、稚日女尊や出雲の事代主神まで登場し、どの神が託宣の中心人物なのか、分からない。『日本書紀』は、ここで、大切な何かを隠匿している。そうでなければ、はっきりと神の名を掲げていたはずだ。

そもそも、歴史的事件であるのに、「神のいいつけを守らなかったから殺された」ことを匂わせ、それでいて、「どの神か分からない。もっとほかにいたかもしれない」と証言している時点で、大事件の匂いがプンプン漂っている。『日本書紀』の謎かけといっていい。歴史時代なのに、神を持ち出してきたところも、怪しいのである。ならば、どうやって難問を解き明かせば良いだろう。

さらに話は迂回する。ハッキリさせておきたいのは、「邪馬台国論争の答え」だ。卑弥呼亡き後の男王の悲劇は仲哀天皇のことではないかと筆者は疑っていて、とすれば、迷宮入りした邪馬台国論争を、まず片づけておかなければならないからだ（意外に簡単に答えは出る）。

江戸時代の国学者・本居宣長は「邪馬台国偽僭《ぎせん》説」を掲げていて、すでにこの時点で邪馬台国論争は終わっていたと思うし、この説を当てはめれば、仲哀天皇の不審死の理由も、分かってくる。

本居宣長の偽僭説は、こうなる。卑弥呼が九州の女性首長だったが、当時近畿地方に邪馬台国（ヤマト）はすでに存在していた。そこで九州の卑弥呼は、朝鮮半島に進出してきた魏に「われわれが邪馬台国（ヤマト）」と報告し、「親魏倭王《しんぎわおう》」の称号を獲得し、外交戦で優位に立ってしまった。これが「偽僭説（ウソの報告をした）」だ。この推理はヤマト建国の考古学とも、ぴったりと重なるが、当時の本居宣長は、そんなことも知らずに仮説を掲げたのだ。

本居宣長は九州の卑弥呼は嘘をついていたと言い、『日本書紀』は神功皇后が山門県《やまとのあがた》の女首長を殺したと言っている。この女首長が卑弥呼であろう。

神功皇后は「トヨの海の女神」と多くの接点を持っていて、神功皇后の宮は「豊浦《とゆらの》宮《みや》」と呼ばれた。「トヨの港の宮」であり、卑弥呼を殺した後、「親魏倭王」を殺したことを魏に報告出来なかったがゆえに、卑弥呼の宗女を自称し、王に持ち上げられたのだろう。女王・台与の誕生である。

ただ問題は、すでに触れたように、トヨが担ぎ上げられる直前に男王が立ったと「魏志倭人伝」が記録していることだ。みな男王に従わず、殺し合いに発展したという……。

仲哀天皇、天稚彦、新邪馬台国の男王

神功皇后が山門県に赴き、女首長を殺したとき、実際には、仲哀天皇は生きていて、神功皇后らとともに山門県で戦い、橿日宮に凱旋していたのではなかったか。そして、仲哀天皇が王に立とうとして、トラブルが発生した……。

この推理を裏付けるのは、天稚彦だ。私には仲哀天皇が天稚彦に似ているように見える。説明しよう。仲哀天皇たちがヤマト政権から委ねられたのはヤマト政権にとっての政敵である「ニセの邪馬台国」を潰すことだ。この場合、『日本書紀』は仲哀天皇を「天皇」と書いているが、実際には派遣された将軍であろう。そして指令通りにニセの

邪馬台国を倒した。ところがこのあと、仲哀天皇は「魏志倭人伝」にあるように、王に立とうとしたのではなかったか。これは、出雲に遣わされた天稚彦が「私もこの国を支配してみたい」と言いだしたことと似ている。しかし天稚彦は、即位儀礼の最中に高皇産霊尊の投げ下ろした矢で亡くなってしまう。仲哀天皇が王に立とうとした瞬間に、ヤマト政権側から横槍が入ったのではなかったか。これが、邪馬台国の男王の悲劇にも通じる。

ここで無視できないのは、仲哀天皇がタラシの王として東海系だったこと、天稚彦も東海系だった可能性が高いことだ。

すでに触れたように、天稚彦の葬儀は天上界で行なわれ、アジスキタカヒコネと天稚彦が瓜二つだったので、天稚彦が生きていたと親族は大喜びした。逆にアジスキタカヒコネは腹を立て、天稚彦の喪屋を切り倒すと、地上界に落ちて山になった。これが美濃国の藍見川の川上にある喪山だという。なぜ、よりによって岐阜県が唐突に現れたのか。

前方後方墳は近江で誕生し、すぐに東海に広がっていったが、もっとも早かったのは、濃尾平野でも不破関（岐阜県不破郡関ケ原町。いわゆる関ヶ原）に近い地域だった。東海地方は「尾張（名古屋市周辺）」が発展していたと思われがちだが、木曾三川が流れこむデルタ地帯は、氾濫地帯で、なかなか開発は進んでいなかったのだろう。まず上流部、内陸部が栄えていた。とすれば、天稚彦の喪屋が美濃に落ちたという話、無視することができない。

天稚彦は東海勢力を代表して葦原中国＝出雲（本当は北部九州だろう）に赴き、邪馬台国（ニセの）を滅ぼしたのだろう。そして、王に立とうとして排除された神ではなかったか。要するに、①天稚彦と②仲哀天皇はどちらも東海系で、③「魏志倭人伝」に登場する「悲劇的な男王」と、見事に重なって見えてくるのである。

天稚彦の「稚」の一文字は「若」でもあり、「幼い」、「童子」の意味だ。要は、祟る鬼でもある。「若宮」と言えば祟る鬼を祀る社だ。王に立とうとしてその場で殺されたとなれば、祟るのはやむをえないことだ。

悲劇の男王をめぐる仮説

「①②③の悲劇のヒーローたち（本当はひとり）」の即位を拒んだのは、ヤマトの纏向《まきむく》に居残っていた人びとだろう。その中心に立っていたのは、河内に拠点を造ることでヤマト政権内の主導権争いを優位に進めようとしていた「吉備（ニギハヤヒであり崇神天皇）」

ということになる。

ここでひとつの仮説を展開してみよう。卑弥呼亡き後の「新邪馬台国」の男王の悲劇の真相にまつわる推理だ。

みなが北部九州になだれ込む中、吉備は動かなかった。しかも吉備は纏向にこだわることなく、河内から奈良盆地の西側の山脈を獲得していく。山脈を手に入れれば、西からの外敵を跳ね返せるし、ヤマト政権内で争いが起きれば、東に向かって威圧することもできる。ヤマト進出に僅差で出遅れた吉備の、一石二鳥の計略である。

老獪ともいえる策が功を奏して吉備が主導権を握り、ニギハヤヒがナガスネビコをおさえて王に立ったのだろう。吉備にすれば、日本海勢力が大挙して北部九州に押しかけてくれれば、ヤマト政権内はその分手薄になり、やりやすかったはずだ。ところが、一つ難題が持ち上がった。「親魏倭王」の卑弥呼を殺してしまったことによって、魏を敵にまわすことになってしまったのだ。

おそらく、この敵対行動を魏に悟られる前に対策を練っただろうが、ここで派遣していた将軍（仲哀天皇であり、天稚彦だろう）が王位に就こうとした時点で、大混乱に陥ったにちがいない。

原因はいくつもある。本当の邪馬台国（畿内のヤマト政権）が存在し、強大化する中、北部九州に余計な「もうひとつの邪馬台国」が復活してしまえば、（それが外交上やむをえない状況だったとはいえ）、両者の間に疑心暗鬼が生まれ、いずれ衝突が起きるのが自然だった。だからヤマト政権側は、「祭祀に専念する女王ならＯＫ」と、条件を出したのではないか。そこで、男王が排除され、女王台与が、担ぎ上げられたのだろう。

ただ、中国の情勢が変化し、魏が晋となった場面で、台与の邪馬台国は後ろ盾（あるいは、魏が助けに来てくれるという幻想）を失い、ヤマト政権に裏切られ、滅ぼされたのだろう。

神功皇后摂政紀（『日本書紀』）六六年条の割注に、次の一節がある。

この年は晋の武帝の泰初（始）二年（二六六）で、晋の『起居注《ききょちゅう》』（天子の言動を記録した日記）に「武帝の泰初二年十月に、倭の女王が通訳を重ね、貢献せしめた」という。

ここに登場する女王は卑弥呼の死後だから、台与と思われる。貢献したが、「親晋倭王」など、称号や褒美を授けたという記述がない。この時代、中国はすでに三国鼎立《ていりつ》状態ではなかったので、晋は倭を軽んじはじめていたということか。

交通の要衝である北部九州に別の勢力が盤踞することは、ヤマト政権にとって国家の存立にかかわる。しかも、地政学的に北部九州は東側からの攻撃に脆弱で、独立は困難だった。ヤマト政権は、台与の王家を潰しにかかったにちがいない。考古学が示す北部九州と山陰の衰退は、台与の敗北を意味していたはずだ。こうして、台与たちの逃走劇が始まり、これがのちに、天孫降臨神話にすり替えられたのだろう。

すでに触れたように、崇神天皇（ニギハヤヒ）の時代、人口が激減するほどの疫病が蔓延し、「裏切って滅ぼした者たちの恨み（祟り）に違いない」と、日向に逃れていた者たちをヤマトに呼び、「祟りを封じこめる王（神武の王家）」「実権を持たない王」が、誕生したのだろう。

アマテラスの正体を探るために、話は、どんどん横道にそれていくように見えるが、答え合わせは、あともうちょっとだ。

ヤマトを二分する勢力の存在

くどいようだが、確認しておきたいのは、出雲神話は日本全体の話であり、出雲神は出雲地方の神とは限らないことだ。さらに出雲の国譲りの舞台は、実際には北部九州だったこと、天稚彦が遣わされたのも北部九州で、天稚彦に矢を放った天上界の神は、ヤマト政権側のだれか、ということだ。そして、天稚彦と仲哀天皇の悲劇は、「魏志倭人伝」にも記録されていて、だからこそ『日本書紀』は、話をごまかそうとしたに違いない。なぜなら、この悲劇の中に、天皇家誕生の真相が隠されていて、それは藤原不比等にとって、「政敵の祖が活躍するあまり面白くない歴史」だったからだ。

さて、「魏志倭人伝」に描かれた悲劇の男王が「東海系の天稚彦」だったという推理を裏付けるのは、「二つに分裂したタラシの人脈」、「二つの道を歩んだ東海（尾張）」なのだ。「北部九州に派遣されたタラシの人脈と、彼らを裏切ったヤマト居残り組＝タラシの王家の片割れ」の二大勢力が存在した。そして、「二つの東海（尾張）」と「二つのタラシ」がはっきりとわかるのが、神武東征説話なのだ。

神武東征の物語の主題は、「神武が圧倒的な武力でヤマトを征服した」ことではない。けっして神武は強くなかった。神武はニギハヤヒや多くの人々に助けられたのだ。そしてストーリーのキモは、ヤマト側が「神武を受け入れる者」と、「神武を排除しようとする者」に分裂したことにある。さらに細かく言うと、「神武のヤマト入りを拒んだ東海（尾張）」と、「神武のヤマト入りを画策した吉備に同調した東海（尾張）の片割れ」に分かれたのである。

ところが、「東海（尾張）」が分裂した事実を、『日本書紀』はうまく覆い隠している。だから、この現象をヤマト建国の歴史に組み直すことで、多くの謎が解けてくるのである。

まず、本当に「東海（尾張）」は分裂していたのか、を再確認しておこう。

神武がナガスネビコの抵抗にあい、紀伊半島に迂回したとき、神の毒気に当たって衰弱した。それを救ったのが「熊野の高倉下」だったが、その正体を『日本書紀』は、明らかにしなかった。しかし『先代旧事本紀』は「高倉下は尾張系」と、述べている。高倉下に神武を救うための霊剣を授けたのは武甕槌神で、この神が尾張系だったことは、他の拙著の中で述べたとおりだ。

「東海（尾張）の高倉下」がこの場面で神武のヤマト入りを助けたことは間違いない。

これに対し、神武のヤマト入りを妨害した「東海（尾張）」は、ナガスネビコだ。ナガスネビコが「東海（尾張）」だったことは、ヤマト建国の考古学という視点から解き明かせることとは、オオタラシヒコ（景行天皇）の脚のスネが長かった、という話の中で、すでに述べている。ナガスネビコは、「東海（尾張）の王」にちがいない。物部系の歴史書『先代旧事本紀』が尾張氏を自家の系譜に巻き込んでいったのは、ニギハヤヒが「東海（尾張）」のナガスネビコの妹を娶り、二人の子のウマシマチが物部氏の祖になったからだろう。

ここで大切なことは、纒向遺跡に最初に乗り込んだ東海勢力が前方後方墳を主に東に向けて広めていったことだ。東で地盤固めをした東海勢力だからこそ、西からの攻撃に強いヤマトにこだわったのだろう。その長がナガスネビコで、『日本書紀』の中で、タラシの王家の始祖＝景行天皇（オオタラシヒコ）として再登場（ナガスネビコと景行天皇の一人二役）し、宮は最初纒向に置かれたのちに近江に遷ったと記録されている。ヤマトのタラシヒコ系のトップがナガスネビコ＝景行天皇で、子のヤマトタケルが、北部九州に遣わされたというが、ヤマトタケルは「東海（尾張）」「タラシの王家」の三世紀の行動を神話化した偶像であり、現実には、ヤマトタケルの子の仲哀天皇が、北部九州に攻め入ったのだろう。ただし、仲哀天皇は橿日宮で、頓死してしまった。

神のいいつけを守らず死んだ仲哀天皇はタラシの王家の出身で東海系だった。しかも仲哀天皇は、出雲の国譲り神話の天稚彦でもあった。また、仲哀天皇頓死事件が「魏志倭人伝」のいう卑弥呼死後の男王の悲劇だとすれば、仲哀天皇を殺したのは、神話の中で天稚彦を殺した天上界の高皇産霊尊であり、この場合天上界は、吉備と東海を中心とするヤマト政権ということになる。

裏切られたのは北部九州の「東海（尾張）」だが、裏切ったのもヤマトの「東海（尾張）」だった。

朝鮮半島へと続く航路

ここで改めて、ハッキリさせておきたいのは、ヤマト政権はなぜ仲哀天皇の即位を拒んだのか、である。仲哀天皇はダメで、なぜ神功皇后（台与）ならよかったのか。

ここで想像をふくらませなければならない。

ヤマト政権の目的は、北部九州にほぼ独占されていた「朝鮮半島へと続く安全な航路」を手に入れることだった。だから、瀬戸内海を有効に活用したい吉備にとって、北部九州に新たな権力が生まれてしまっては、元も子もない。

ヤマト政権の最初の策は、魏に悟られることなく「ニセの邪馬台国」を潰すことだったから、仲哀天皇が北部九州で王に立つことは、想定外だっただろう。神話の天稚彦が

「私も国を治めてみたい」と語ったその一言こそ、ヤマト政権側にとってみれば、寝耳に水だったにちがいない。

ならば、いったいなぜ、天稚彦（仲哀天皇）は血迷ったのか。

そしてなぜ、男王はダメで、女王なら良かったのか。

資料が少なすぎるために、推測するほかはないが、強い男王と強大な軍団、さらには、富み栄える北部九州（新邪馬台国）の出現に、ヤマト政権は恐れをなしただろうし、魏との関係も悪化させたくなかったこの時代、北部九州勢力がふたたび魏に働きかければ（あるいは「ヤマト政権が邪馬台国を滅ぼした」事実を密告すれば）、厄介なことになる。しかも、「東海（尾張）」の片割れと山陰（タニハ）が北部九州をおさえてしまえば、それこそ吉備の立場はなくなる。関門海峡を塞がれただけで、瀬戸内海は死に体となる。だからこそ、北部九州に「強い男王の国」が出現することは避けたかっただろう。

ここで大きな意味を持ってくるのは、タニハの思惑だ。タニハは吉備同様、積極的にヤマトに乗り込んではいない。理由は、タニハが「環日本海交易圏」の構築を目指していたからではなかったか。タニハの首脳陣の頭の中には、ヤマト建国を超越した、朝鮮半島南部をまきこんだ巨大な「経済圏」「文化圏」の樹立が構想されていた可能性がある。

前著『スサノヲの正体』の中で述べたように、タニハのスサノヲは、日本列島と朝鮮半島を自在に往来していた偉人であり、スサノヲはそのために、北部九州と手を組んだ出雲に圧力をかけ、最終的に北部九州に乗り込むことに成功している。その最大の目的は、「海の道としての日本海を最大限活用する」ことではなかったか。

天上界＝ヤマトを裏切り、出雲に同化してしまった天稚彦が、「私もこの国を支配したい」と言いだしたのは、「東海（尾張）の片割れがスサノヲの構想に乗った」ことを意味しているが、これは「日本海が大いに発展する図式」であり、タニハと東海が手を組めば、瀬戸内海勢力は窮地に立たされる。もちろん、黙認できなかっただろう。

天稚彦（仲哀天皇）は、こうして殺されたが、女性の祭司王を立てることで、両者は妥協したのではなかったか。

ところが、魏が晋に入れ替わり、台与は後ろ盾を失ってしまった。晋と接触したが、芳しい外交成果は上がらなかったようだ。こうして、台与は歴史からフェイドアウトするが、要は、大陸の加勢を得られない「台与の新邪馬台国」は、ヤマトに攻められ、貴種は散り散りになって逃げ惑い、その一部が南部九州に落ちのびたのだろう。

ところで、崇神天皇の時代、祟った大物主神は「私を祀れば、海外の国々も自ら帰服してくるだろう」と言っている。北部九州で天稚彦につづき、大物主神（スサノヲ＝武内宿禰）は台与ともども裏切られ、そのヤマト政権の仕打ちに、朝鮮半島南部の地域も反発していたわけだ。つまり、タニハのスサノヲ（大物主神）と天稚彦は、東海、山陰、北部九州、朝鮮半島南部をつなぐプロジェクトを推し進めていたのであり、ヤマト政権（吉備ともうひとつの東海）がこの動きを警戒していたのであろう。

これが、出雲の国譲りであり、天孫降臨神話として『日本書紀』は描いたわけだ。

天稚彦とアジスキタカヒコネ

ここでもう一度、神話の世界に戻る。アマテラスの正体は、あともう少しだ。

天稚彦は出雲の大己貴神の娘の下照姫を娶ったが、下照姫の兄はアジスキタカヒコネで、天稚彦とそっくりだと言われたとき、下照姫は、みなに向かって、アジスキタカヒコネが輝く神だったことを知らすために、次のように歌った。

天なるや　弟織女《おとたなばた》の　頸《うな》がせる　玉の御統《みすまる》の　あな玉はや　み谷　二渡らす　味耜高《あじすきたか》

彦根《ひこね》

天上界の弟織女（布を織る少女）の頸にかけられている紐に通したいくつもの玉よ、そのように麗しく谷二つに渡って照りかがやくアジスキタカヒコネよ、という意味になる。

アジスキタカヒコネが輝いていたのは雷神だからと考えられている。その一方で、先述の吉野裕子は、「長い」「輝く」アジスキタカヒコネの属性は、蛇神のそれだという。すでに述べたように、蛇身は雷神であり、太陽神でもある。アジスキタカヒコネは、輝く神で、妹の下照姫は、高姫とも呼ばれ、太陽神的性格を備え、アジスキタカヒコネと下照姫は、「ヒルコ」と「ヒルメ」のコンビに見える。ふたりは日本各地の人々に祀られていた「その土地の太陽神＝アマテラス」だろう。

さらに、アジスキタカヒコネは天稚彦にそっくりだったが、天稚彦は出雲国造の立場によく似ている。他の拙著の中で、出雲国造家は尾張系だと述べてきたが、出雲の神であるアジスキタカヒコネも尾張と多くの接点があり、のちには尾張と関係が深いとされる葛城（奈良県）に祀られることになるのだ。

そしてこのアジスキタカヒコネは、アマテラスの謎を解くための、最後のヒントだと思う（ずいぶんと遠回りをしてきたものだ）。のちに触れるように、アジスキタカヒコネを『古事記』はアマテラスと同等に扱い、礼讃しているからだ。ほぼ無名のアジスキタカヒコネなのに、これはいったい何だ。天稚彦と生き写しのアジスキタカヒコネは、太陽神的で、アマテラスと同じレベルで称えられていた……。

アジスキタカヒコネの正体を知りたい。ヒントは「祟るアジスキタカヒコネ」だ。

『出雲国風土記』仁多郡三沢郷条に、次の説話が載る。

「アジスキタカヒコはヒゲが八握に生えるまで、昼夜泣き止まず、言葉を発しなかった。そこで御祖《みおや》（大穴持命＝大国主神）は、御子を船に乗せて八十嶋《やそしま》を巡り楽しませたが、お泣き止まなかった」

『出雲国風土記』神門郡高岸郷条に、似た話がある。

「アジスキタカヒコは昼夜泣き止まなかった。そこで高屋を造り、住まわせた」

第十一代垂仁天皇の御子・誉津別命《ほむつわけのみこと》にも、良く似た話がある。誉津別命の場合、言葉を発せられなかったのは、出雲神の祟りだったといい、祟る神は、「天皇の宮殿と同じような立派な宮を建てろ」と要求してきたという。

松前健は、アジスキタカヒコネを「幼童神（童形、子供の神）」と考える（『出雲神話』講談社現代新書）。「童子」「若」「稚」は、祟る神の代表例であり、また、祟る鬼を退治するのも、童子の役割だ。

まさにそのとおりで、アジスキタカヒコネだけではなく誉津別命や天稚彦も、「稚」と「童子」という属性を持ち合わせている。

また、アジスキタカヒコネは泣きやまなかったから高屋に閉じ込められ、誉津別命は出雲神の祟りにおびえて立派な宮を建てたというが、ふたつの話は重なって見える。つまり、祟るアジスキタカヒコネは、高く立派な出雲大社で祀られていたのではあるまいか。

ならばなぜ、祟る神がアマテラスと同等なのか。ヒントは「葛城」に隠されている。

葛城と尾張のつながり

新任された出雲国造が都に出向き奏上する『出雲国造神賀詞』の中に「出雲の四柱の神を都の周囲に置き、王家の守神にする」という一節があり、その中でアジスキタカヒコネをヤマトの「葛城の神奈備」に祀ったといっている。大和国葛上郡の高鴨《たかかも》阿《あ》治《じ》須《す》岐《き》託彦根命《たかひこねのみこと》神社（奈良県御所市の高鴨神社）だ。

アジスキタカヒコネはヤマトの葛城で王家を守っていたが、ここで無視出来ないのは、葛城と「尾張」のつながりである。

神武東征の後半に、次の記事が載る。

「高尾張邑（御所市）には、赤銅八十《やそ》梟帥《たける》がいて、天皇に歯向かい、戦おうとしている」

とある。

この高尾張邑について、『日本書紀』の分注は「ある本には、葛城邑とある」と記している。「高尾張」がここで葛城と重なっている。

また、高尾張邑の赤銅八十梟帥の「赤銅」は、銅剣で、尾張氏が祀る草薙剣も、銅剣だ。『日本書紀』綏靖《すいぜい》天皇即位前紀に、物部系の「倭鍛部《やまとのかぬち》」が登場するが、富来隆は、銅製武器を造ってきた工人集団が「倭鍛部」で、物部氏や尾張氏が従事していたという（『卑弥呼』学生社）。葛城と銅と尾張が、ここでつながる。

式内社・葛木坐火雷《かつらきにいますほのいかづち》神社（葛城市笛吹）は、笛吹連《ふえふきのむらじ》が奉斎していたが、『新撰姓氏録』は、笛吹連の祖を火明命《ほのあかりのみこと》という。火明命の子が天香山命《あまのかぐやまのみこと》で、笛吹連は、葛城に拠点を構えた尾張系の人びとだ。

神武二年春二月条に、剣根《つるぎね》なる者を葛城国造に任命したとあり、『先代旧事本紀』（『天孫本紀』）は剣根の孫を、尾張氏の祖と言っている。

やはり、葛城と尾張はつながっている。

なぜ、アジスキタカヒコネと葛城、葛城と尾張のつながりにこだわったかというと、アジスキタカヒコネが出雲の神ではなく、尾張系の神ではないかと疑っていること、このあと述べるように、この神には重大な謎が隠されていて、その秘密は、アジスキタカヒコネを尾張系と考えることで、多くの謎が解けてくると思うからである。

なぜアマテラスと同等の尊称なのか

なぜ、天稚彦やアジスキタカヒコネは尾張と接点を持ち、しかも「童子」「稚」なのだろう。何かしらの恨みを抱き（天稚彦は殺された）、高殿に祀りあげられ、秘密を抱えたまま恐れられたのが彼らである。

『古事記』に、奇妙なことが描かれている。アジスキタカヒコネの別名に「迦毛大御《かものおおみ》神《かみ》」があるという。

『古事記』の中で「大御神」と呼ばれているのは、このほかには天照大御神と伊耶那岐《いざなき》大御神がいるだけだ。イザナキは歴史とはかかわりのない純粋な創作された神だから、無視してもかまわない。さらに、アマテラスは、天皇家の祖神で神話の主役だから「大御神」は自然だ。しかし、アジスキタカヒコネは神話の中で「アマテラスと同等の活躍」をしていない。

『新編日本古典文学全集　古事記』（山口佳紀　神野志隆光校注・訳　小学館）の頭注に、次の説明がある。

「大御神」は最高の敬称だが、この神に付することの意味は未詳

と謎をかかげている。それはそうだ。大己貴神の子で、天稚彦にそっくりだったこと、天稚彦の葬儀で暴れ回っただけの神が、なぜ最高の尊称を獲得出来たのだろう。これまでの発想では理解出来ない。しかし、「わからない」と放り投げたままでは、『古事記』編者の「努力」「工夫」を台無しにしてしまう。

ここで思い出さねばならないのは、実在の初代王・崇神が三輪山麓の宮で二柱の神を祀っていたこと、その神威が恐ろしくなり、宮から放逐したことだ。

神の名はアマテラスと日本（倭）大国魂神であり、なぜ、天皇家の祖神とヤマトの土地の神が恐ろしかったのか、その理由が分からなかったのだ。

その一方で、三輪の大物主神がこの時祟りを起こし、人口が激減するほどの威力を発揮し、怒りを鎮めるために、神武が日向から呼び寄せられた。ヤマト黎明期に、アマテラスと日本大国魂神と大物主神が、暴れ回ったのだ。

問題は、アマテラスと大物主神が「一体分身」と考えられていたこと、とすれば、ヤマト発足時の王家にとって恐ろしかったのは、アマテラス（大物主神）と日本大国魂神の二柱ということになる。日本大国魂神を祀る人脈は神武を受け入れた側の尾張系なのだから、祟る日本大国魂神は、アジスキタカヒコネや天稚彦と重なってくるではないか。

つまり、大物主神の正体は天照大御神で、日本大国魂神の正体は、迦毛大御神（アジスキタカヒコネ）だろう。

二度の悲劇に見舞われた東海勢力

こういうことではなかったか……。これまでの話を、もう一度まとめ直してみよう。

弥生時代後期、タニハは北部九州や出雲（神話の「出雲」と同一ではない）に対抗するために、近江や東海の発展を促した。タニハの方形台状墓の影響を受けて、近江で前方後方墳が生まれ、東海に伝播した。東海は急速に発展し、いち早く「おおやまと」に乗り込むと、あわてた吉備が河内に拠点を構えた。こうして纒向に各地から人びとが集まり、ヤマト建国の気運は高まった。

ヤマトの土台が出来上がると、流通ルートを確保するために、タニハや「東海（の片割れ）」が北部九州に押し寄せたのだ。結局、魏に通じていた九州のニセのヤマト（邪馬台国）の女王＝卑弥呼を殺し、ヤマト政権は当初の目的を達成した。

ところが、何を思ったか、北部九州遠征の主導権を握っていた仲哀天皇（天稚彦）は「私も王に立ちたい」と言いだした（「魏志倭人伝」に描かれた、卑弥呼亡きあとの男王）。もちろん、ヤマト政権側（吉備＋東海の片割れ）は、仲哀天皇を潰しにかかった。戦乱で、当時千余人が亡くなったという。

このあと、妥協策として台与（神功皇后）を女王に担ぎ上げたが、魏が晋に替わり、ヤマト政権は後ろ盾を失った北部九州の新邪馬台国を裏切り、攻め滅ぼしてしまった。こうして、新邪馬台国（奴国とタニハと東海）の貴種たちは、逃亡した。

しかし崇神天皇（ニギハヤヒ）の治政は思うように行かず、疫病が蔓延したため、病を振り撒く祟り神・大物主神を鎮める祭司王が求められた。そこで、神武天皇が呼び寄せられた。

ところが、ここで、アクシデントが起きる。ナガスネビコ（尾張の片割れ）が、神武のヤマト入りを拒み、殺されてしまったのだ。

こうして、「東海（尾張）」は、北部九州で一回、ヤマトで一回、計二回にわたって悲劇に巻き込まれたのだ。

「東海（尾張）」は衰退し、六世紀初頭に継体天皇が即位するまで、中央政権内部で目立った活躍はない。倭直が倭国造に任ぜられたが、ヤマト建国のきっかけを作った時の勢いはなかった。吉備発祥の前方後円墳が日本各地に伝播し、受け入れられ、前方後方墳は寂れていった。

この「東海（尾張）」の悲劇を、ひとりで演じきっていたのが、タラシの王家の一員だったヤマトタケルであろう。ヤマト建国と「ふたつに分裂した東海（尾張）」の蹉跌を神話化したものだった。もちろん、モデルとなった人物は存在していたはずで、古墳時代のみならず、七世紀に至るまで、ヤマトタケルの亡霊は、恐ろしかったのだろう。仲哀天皇とナガスネビコの悲劇をまとめて神話化したのがヤマトタケルであり、祀られる神としての呼び名が日本大国魂神ではなかったか。

八世紀初頭に持統太上天皇がヤマトタケルの陵墓の鳴動に震え上がったのも、ヤマト建国前後の主導権争いが、ヤマト政権にとって、いかにつらく、悔いる事件だったのかがよく分かる。

ここまで分かってきたところで、ようやく伊勢のアマテラスの正体を明らかにできる。

アマテラスの正体

『古事記』はアマテラスを「天照大御神」と呼び、さらにアジスキタカヒコネを「迦毛大御神」と呼んだ。なぜアジスキタカヒコネに高い尊称が与えられたのか、よく分からなかったのだ。

そこで、アジスキタカヒコネの活躍をもう一度振り返ってみよう。

アジスキタカヒコネは天稚彦にそっくりで、天稚彦は出雲の国譲りにさし向けられたが、アジスキタカヒコネの妹を娶って出雲に同化してしまった。高皇産霊尊がたまたま投げ下ろした矢は、新嘗祭の神事を行なっている天稚彦の胸に刺さった。『日本書紀』は、この事件を偶然だったといい、高皇産霊尊に殺意はなかったことを匂わすが、これはおかしい。

天稚彦よりも先に出雲に遣わされた天穂日命もまた出雲に同化してしまったが、おとがめはなかった。天稚彦の場合、「私もこの国を治めたい」と、野望を抱き、高皇産霊尊はこれが許せなかったということになる。

天稚彦は東海と接点を持ち、天稚彦に生き写しのアジスキタカヒコネも、「東海（尾張）」と多くの接点を持っていた。そして、日本大国魂神も尾張系だとすれば、ここに、ヤマト建国時の「ボタンの掛け違い」によって生じた悲劇のヒーローたちが、三輪山周辺で祀られていたことが分かってくる。

ならば『日本書紀』の言うとおり、崇神天皇は神々を放逐したのだろうか。第十一代垂仁天皇の時代に、アマテラスは伊勢に祀られたのだろうか。考古学は、伊勢内宮（皇大神宮）の正殿は、七世紀末に造られたものだったことをあきらかにし、『続日本紀』は、伊勢が整ったのは七世紀末だったと証言していた。

つまり、崇神天皇、垂仁天皇の御代にアマテラスが伊勢に遷し祀られたという『日本書紀』の証言はでたらめだった。伊勢内宮正殿背後の荒祭宮が古い祭祀場で、荒祭宮はヤマトの葛城山頂と、ぴったりと緯度が重なっていたところに、大きなヒントが隠されている。葛城と言えば、尾張系の神や人脈と結ばれた地であった。

伊勢の原点であり古墳時代を通じて大切に祀られてきた荒祭宮は、ヤマト政権の聖地ではなく、ヤマト建国前後の主導権争いに敗れた「東海（尾張）」が、守ってきた聖地であろう。伊勢と葛城をつなぐことで、隠然たる力を確保したいと願って祭祀を継承してきた場所ではなかったか。

持統太上天皇は三輪の大物主神（古い時代のアマテラス）が邪魔になり、三関の東側に放逐したのだろう。この時、日本大国魂神も一緒に、大和神社から伊勢に追いやられたのではあるまいか。

『日本書紀』は女性の太陽神・アマテラスを創作し、持統太上天皇をアマテラスになぞらえて国母にした。同時に、古い権威となった三輪の大物主神と「おおやまと」の日本大国魂神を、ヤマトの地から棄ててしまったのだろう。だからこそ、大物主神の末裔の三輪朝臣高市麻呂は、職を賭して諫言したのだ。

伊勢神宮の主祭神・アマテラスの正体は、祟る大物主神であり、ヤマトを恨む日本大国魂神だった。

おわりに

伊勢神宮のアマテラスの正体を知るために、ヤマト建国までさかのぼり、謎解きを進めてきた。

三世紀にヤマトの纏向に集まってきた三大勢力は、東海勢力、瀬戸内海勢力（吉備）、日本海勢力（タニハ）で、それぞれの末裔は、尾張氏、物部氏、蘇我氏だった。さらに、彼らは思い思いの太陽神を祀《まつ》っていた。たとえば物部氏は、祖のニギハヤヒを「天照国《あまてるくに》照彦天火明櫛玉饒速日尊《てるひこあまのほのあかりくしたまにぎはやひのみこと》」と称えた。これも立派な太陽神だ。また、ヤマト建国ののち、政権が祀りはじめた太陽神は三輪山の大物主神（スサノヲ）で、もともとは日本海勢力の祖神だった。

第十代崇神天皇は、宮で祀っていた太陽神（アマテラス）と日本大国魂神《やまとのおおくにたまのかみ》を放逐し、アマテラスは垂仁天皇の時代に、伊勢に遷されたという（『日本書紀』）。しかし、考古学は、伊勢神宮が今日の形に整備されたのは七世紀末と言い、『続日本紀』も、これを裏付ける記事を載せていた。それ以前の伊勢では、東海系勢力が土着の神を祀っていたようだ。

『日本書紀』は、「アマテラスはヤマト建国の直後に伊勢に遷し祀られた」と、嘘をついたのだ。それはなぜかと言えば、持統女帝を太陽神アマテラスになぞらえ、国母に仕立てあげるために神話を構築し、本当の太陽神の正体を抹殺したからだろう。

ただ、アマテラスを巡る謎解きは、これで終わらない。ヤマトの土地の神と信じられていた日本大国魂神がからんでくる。祭祀に携わっていた倭直《やまとのあたい》の素姓を洗い出してみると、ヤマトを構成する三大勢力のひとつ、東海系との接点が見えてきた。東海勢力は三世紀の初頭、どこよりも早く奈良盆地東南部（おおやまと）に進出していた可能性が高く、日本大国魂神は崇神の宮から追い出されたあと、奈良盆地の東海系の勢力圏に祀られていた。

なぜアマテラス＝大物主神だけではなく、神話にも登場しない無名の日本大国魂神が宮中で丁重に祀られていたのだろう。日本大国魂神は何者なのか。そして日本大国魂神も、東海系の神で、大物主神同様ヤマトから伊勢に遷し祀られた太陽神ではないかと密かに勘ぐってみた。二十年に一度の伊勢神宮の遷宮も、大物主神と日本大国魂神の二柱の神を順番に祀っていたと推理したのだ。そして、この仮説を解く鍵は、ヤマト建国の考古学に隠されていた。

三世紀の纏向に三大勢力が集まり、ヤマト建国のきっかけを作り、その上で北部九州を圧倒していたことがわかってきた。このヤマト建国の考古学をそのままなぞっていたのが、「東海系タラシ（ヒコ）の王家」の面々で、この王家を代表する仲哀天皇を後押ししていたのが、タニハ（日本海勢力）の武内宿禰《たけのうちのすくね》（スサノヲ）だった。もっとも、彼らが一気に北部九州を圧倒してしまったことが、裏目に出ている。仲哀天皇は神のいいつけを守らず、変死し、神功皇后（トヨ）が北部九州で王に立つが、やはり彼女も、歴史からフェイドアウトしている。北部九州とヤマトの間で疑心暗鬼が生まれ、北部九州進出組は、ヤマトに裏切られたようなのだ。そして負け組は南部九州に逃れ、ヤマトを呪った。

ただしこの直後、ヤマト政権は、疫病の蔓延に苦しめられ、これを日本海勢力の大物主神の祟りとみなし、恐ろしい神の末裔を南部九州から呼び寄せ、祭司王に立てた。これが神武天皇だ。

ところで『日本書紀』は、ヤマト建国の歴史を熟知していたのに、藤原氏の政敵たちの祖が大活躍していたから、真相を闇に葬り、多くのカラクリを用意して、歴史を改竄した。その最大のトリックが神話で、ヤマト建国前後の歴史の舞台を「出雲」に狭めてしまった。だから「出雲神話」を島根県東部の事件と信じていては、古代史を見誤る。本当の国譲りの舞台は、北部九州であろう。そして、この神話の裏側を解くために注目したのが、天稚彦とアジスキタカヒコネだった。二柱の行動を重ねると、この二柱の神が、仲哀天皇と日本大国魂神に見えてくるからだ。

天稚彦は天上界（おそらくヤマト）から出雲（おそらく北部九州）の国譲りの工作を命じられ、遣わされた。ところが、天上界の神のいいつけを無視して自身が王に立とうと目論み、天上界から放たれた矢で亡くなった。天稚彦の死は、東海系の仲哀天皇の悲劇を思い起こさせる。さらに、「魏志倭人伝」に描かれた卑弥呼の死後に王に立って敗れた男王にもそっくりだ。

問題は天稚彦には生き写しの神がいたことだ。それがアジスキタカヒコネで、無視できないのは、二柱の神が東海や尾張と強い縁で結ばれていたことだ。二柱は同一の神であろう。

もうひとつ注目すべきなのは、アジスキタカヒコネが『古事記』の中で「天照大御神」と肩を並べる最高級の称号「迦毛大御神」を得ていたことだ。神の中の神が大物主神と日本大国魂神であり、彼らは日本でもっとも霊威（祟る力）の強い神だった。だからこそ、祟神は彼らを祀るも、共に暮らすことはできなかったのだろう。東海系のアジスキタカヒコネ（迦毛大御神＝天稚彦）は、東海系の仲哀天皇であり、祟神天皇が恐れおののいた日本大国魂神と考えることで、ようやく「アマテラス」と伊勢神宮の謎が解けてきたのである。

なお、今回の執筆にあたり、新潮社の安河内龍太氏、歴史作家の梅澤恵美子氏に御尽力いただきました。改めてお礼申し上げます。

合掌

参考文献

『古事記祝詞』　日本古典文学大系　（岩波書店）

『日本書紀』　日本古典文学大系　（岩波書店）

『風土記』　日本古典文学大系　（岩波書店）

『萬葉集』　日本古典文学大系　（岩波書店）

『続日本紀』　新日本古典文学大系　（岩波書店）

『新訂　魏志倭人伝・後漢書倭伝・宋書倭国伝・隋書倭国伝』　石原道博編訳　（岩波文庫）

『新訂　旧唐書倭国日本伝・宋史日本伝・元史日本伝』　石原道博編訳　（岩波文庫）

『三国史記倭人伝』　佐伯有清編訳　（岩波文庫）

『先代舊事本紀　訓註』　大野七三　（新人物往来社）

『日本の神々』　谷川健一編　（白水社）

『神道大系　神社編』　神道大系編纂会編　（神道大系編纂会）

『古語拾遺』　斎部広成撰　西宮一民校注　（岩波文庫）

『藤氏家伝　鎌足・貞慧・武智麻呂伝　注釈と研究』　沖森卓也　佐藤信　矢嶋泉　（吉川弘文館）

『日本書紀　一　二　三』　新編日本古典文学全集　（小学館）

『古事記』　新編日本古典文学全集　山口佳紀　神野志隆光　校注・訳　（小学館）

『日本書紀成立の真実　書き換えの主導者は誰か』　森博達　（中央公論新社）

『続・神々の体系　記紀神話の政治的背景』　上山春平　（中公新書）
『持統天皇』　直木孝次郎　（吉川弘文館）
『記紀神話伝承の研究』　泉谷康夫　（吉川弘文館）
『日本書紀研究　第二十冊』　横田健一編　（塙書房）
『日本書紀研究　第四冊　神話特集』　三品彰英編　（塙書房）
『天孫降臨の夢　藤原不比等のプロジェクト』　大山誠一　（ＮＨＫブックス）
『蛇　日本の蛇信仰』　吉野裕子　（講談社学術文庫）
『三輪流神道の研究　大神神社の神仏習合文化』　大神神社史料編修委員会編　（大神神社社務所）
『新日本古典文学大系　57　謡曲百番』　西野春雄校注　（岩波書店）
『日本古典文学全集　33　謡曲集一』　小山弘志　佐藤喜久雄　佐藤健一郎校注・訳　（小学館）
『聖なる女　斎宮・女神・中将姫』　田中貴子　（人文書院）
『日本女性史論集　9　性と身体』　総合女性史研究会編　（吉川弘文館）
『考古学からみた古代祭祀　1　伊勢神宮の考古学　増補版』　穂積裕昌　（雄山閣）
『アマテラスの誕生』　筑紫申真　（講談社学術文庫）
『巨大古墳の聖定』　渋谷茂一　（六興出版）
『直木孝次郎古代を語る　4　伊勢神宮と古代の神々』　直木孝次郎　（吉川弘文館）
『古代日本の「地域王国」と「ヤマト王国」上』　門脇禎二　（学生社）
『日本神話の考古学』　森浩一　（朝日新聞社）

『記紀の考古学』　森浩一　（朝日新聞社）
『ヤマト王権の古代学　「おおやまと」の王から倭国の王へ』　坂靖　（新泉社）
『邪馬台国時代の関東　ヤマト・東海からの「東征」と「移住」はあったのか』　香芝市二上山博物館友の会ふたかみ史遊会編　（青垣出版）
『古代「おおやまと」を探る』　伊達宗泰編　（学生社）
『水野祐著作集　1　日本古代王朝史論序説［新版］』　水野祐　（早稲田大学出版部）
『日本神話と古代国家』　直木孝次郎　（講談社学術文庫）
『「前方後方墳」出現社会の研究』　植田文雄　（学生社）
『古代国家形成期の社会と交通』　田中裕　（同成社）
『白鳥伝説（上）』　谷川健一　（集英社文庫）
『邪馬台国と古墳』　石野博信　（学生社）
『ヤマトタケル　尾張・美濃と英雄伝説』　森浩一　門脇禎二編　（大巧社）
『天皇の系譜と神話』　吉井巌　（塙書房）
『日本武尊』　上田正昭　（吉川弘文館）
『出雲神話』　松前健　（講談社現代新書）
『卑弥呼　朱と蛇神をめぐる古代日本人たち』　富来隆　（学生社）

関 裕二　1959年千葉県生まれ。
歴史作家、武蔵野学院大学日本総
合研究所スペシャルアカデミック
フェロー。仏教美術に魅了され、
独学で古代史を学ぶ。『蘇我氏の
正体』など著書多数。

Ⓢ新潮新書

1056

アマテラスの正体《しょうたい》

著 者　関《せき》裕《ゆう》二《じ》

2024年9月20日　発行

発行者　佐 藤 隆 信

発行所　株式会社 新潮社

〒162-8711　東京都新宿区矢来町71番地
編集部(03)3266-5430　読者係(03)3266-5111
https://www.shinchosha.co.jp

装幀　新潮社装幀室

図版製作　クラップス

印刷所　株式会社光邦

製本所　加藤製本株式会社

ISBN978-4-10-611056-6 C0221

Ⓢ新潮新書

872
国家の怠慢
高橋洋一
原英史

806
岩盤規制
誰が成長を阻むのか
原英史

814
皇室はなぜ世界で尊敬されるのか
西川恵

922
ビートルズ
北中正和

1051
人生で大損しない文章術
今道琢也

新型コロナウイルスは、日本の社会システムの不備を残酷なまでに炙り出した。これまで多くの行政改革を成し遂げてきた二人のエキスパートが、問題の核心を徹底的に論じ合う。

今日まで我が国を縛ってきた岩盤規制。官僚とマスコミは、それをどう支えたのか？　今後の日本経済の浮沈との関わりは？　霞が関改革を熟知する男が、暗闘の全てを明かす。

最古の歴史と皇族の人間力により、多くの国々から深い敬意を受けている皇室は、我が国最強の外交資産でもある。その本質と未来を歴史的エピソードに照らしながら考える。

グループ解散から半世紀たっても、時代、世代を越えて支持され続けるビートルズ。音楽評論の第一人者が、彼ら自身と楽曲群の地理的、歴史的ルーツを探りながら、その秘密に迫る。

相手にうまく「伝わる文章」を書くためには、いったいどうすればいいのか？　文章指導の達人が、まずは問題をきちんと読むことから始まる「正しい手順」を明快に伝授する。